세계문학사를 기반으로 문학작품 읽기 ❷

테오도르 슈토름의 임멘 호수와 대학에서

테오도르 슈토름 **저**

김동조 **편역저**

도서출판 디자인21

세계문학사를 기반으로 문학작품 읽기 ❷

테오도르 슈토름의
임멘 호수와 대학에서

테오도르 슈토름 저
김동조 편역저

머리말

현재 대학의 문학 강좌들을 비판적으로 성찰하자면 - 물론 모든 강좌가 그렇지는 않지만 - 문학 관련 강의들이 아직도 문학사, 문학 이론, 작품번역 등에 치중함으로써 수강생들의 실제적인 삶과 동떨어져 있는 경우가 많다. 담당 교수는 문학 강의가 예를 들어, 부모의 이혼, 지인의 사망 등 불안정한 주변 환경 속에서 그리고 공동체를 생각하는 인식보다는 점점 더 개인화되어 가는 사회 속에서 학생들에게 '정서적, 심리적 도움'을 줄 수 있다고 생각한다. 하지만 수용자에게 문학 강의(혹은 독서)는 창의적이고 주체적인 수용(독서)을 통해 정서적 측면에서의 위안을 받는 기쁨의 과정이 되어야 한다. 작품 수용과 문학적 욕구 간의 거리감으로 인한 학생들의 불만은 학교 내의 문학 강좌에 대한 평가에서도 어느 정도 나타난다. 대체로 학생들이 문학 강의에서 원하는 점을 살펴보면 주체적이면서 능동적인 참여와 자신들이 흥미를 갖는 문학작품을 선정하기를 원하는 경우가 많다. 즉, 강좌에서 다루는 문학작품이 좀 더 학생들을 고려한 작품이 아니라 기성세대가 정해 놓은 이데올로기 중심의 작품이 많다는 데 불만이 있다. 현재 수준의 대학생들이 쉽게 다가갈 수 있거나 자신이 참여할 수 있다는 편안함을 주는 그런 작품이 강좌에서 찾아보기 힘들다는 것이다. 이러한 문학 수업과 획일적인 문학작품 선정은 학생들이 문학 장르를 이른바 "전문가들만이 접하는 분야"로 생각하게 하거나 자신들과는 다른 세계에 속한 것으로 여기게 할 수 있다. 이런 문학 강의가 계속된다면, 궁극적으로 수강생들은 스트레스를 받고 담당 교수는 자신이 원치 않았던 불운한 강요자가 되어 문학은 점점 그 생존력을 잃게 될 것이다.

능동적인 문학작품 감상과 수용자의 관심을 끄는 문학작품 선정이라는 두 마리 토끼를 잡을 수 있는 대안 중 하나는 학생들에게 다양한 읽을거리를 제시하는 것이다. 서로 다른 관심과 경험을 가진 사람들에게 그런 차별성을 도외시하고 일률적인 문학작품을 제공하는 것은 수용자에게 선택권을 주지 않은 일종의 비민주적 독단으로 볼 수 있다. 문학 강의의 목표가 문학 이론이나 작품과 연관된 지식보다는 그 문학작품에 대한 이해와 감상 능력에 초점을 맞춘다면, 학생들이 좀 더 폭넓은 문학작품을 다양하게 접해서 문학에 친밀해지도록 해야 할 것이다.

이제 본격적으로 이 책에서 다루는 독일문학으로 시선을 돌려보자. 강건하면서도 문화적 재능도 겸비한 독일 민족은 수많은 문인을 배출함으로써 세계 문화의 발전에도 기여한 바가 크다. 사실 독일인들의 문학 중 많은 작품이 이미 오래전부터 우리말로 번역되어 한국인들에게는 친숙해져 있다고 해도 과언이 아니다. 우리는 독일인들의 문학을 통해 감동을 느낄 수 있고 우리 자신을 성찰하기도 한다. 이 책은 문학을 사랑하는 많은 이를 생각하며 씌어졌다. 독일문학을 전공하는 이들 외에도 문학에 관해 좀 더 깊은 감명을 느끼고자 하는 이들에게 도움을 주고자 한다.

1986년에 대학에 들어가서 독일문학을 전공하고 이 분야에 전념한 시간도 어언 35년에 가깝다. 지금 돌이켜보면, 필자가 과거에 많은 독문학 작품과 작가를 연구하면서 19세기의 '시적 사실주의'의 대표적 작가인 테오도르 슈토름의 노벨레들이 개인적으로 가장 인상적이었던 작품으로 여겨진다. 독일 '시적 사실주의'의 대변자 중 한 명인 슈토름은

19세기 독문학을 대표하면서 '시적 사실주의'를 자신만의 고유한 방식으로 구현한 작가이다. 그의 문학의 정체성을 탐구한다는 것은 외국문학에 대한 단순한 연구를 뛰어넘는 의미가 있다. 한국문학과 세계문학의 접점을 찾는 작업과 우리 문학의 세계화라는, 현시대의 바람에 응답하는 우리 문학이 직면한 과제와도 연관성이 있다. 이런 맥락에서 이 책은 독문학 작품에 대한 소개가 현재 상황에서 나아가야 할 방향을 제시하는 역할을 한다.

흔히들 독일을 '시인과 사상가의 나라'라고 말해왔듯이, 수많은 사상가와 문인 및 음악가를 배출한 나라가 독일임을 우리는 잘 알고 있다. 사상의 무궁무진함을 글로 표현하는 독문학도 있지만, 이것을 감성적 문구로 표현하는 음악성이 독문학 속에 있다. 이 두 예술 분야는 따로 분리되어 존재하는 것이 아니라 상호 영향을 주고받는다. 이 책은 이처럼 문학과 음악 그리고 무용 등 다양한 예술 분야가 상호 영향을 주고받는 과정을 담고 있는 슈토름의 작품을 다룬다.

이 책에서 필자는 슈토름의 작품을 통해 19세기 '시적 사실주의' 독문학의 특성을 잘 응축해서 보여주고자 했다. 그리고 당시 독일인의 고유한 사고방식과 생활감정을 구체적으로 느낄 수 있고 독일 중편소설인 노벨레의 독특한 스타일과 주제의식을 엿볼 수 있게 노력했다. 이를 위해 그 당시의 인간적 감수성과 현실에 대한 인식을 작가 슈토름의 개성으로 소화해낸 두 편의 작품을 소개하고자 한다. 일반독자들은 작품을 읽는 과정에서 그 당시의 현실을 다른 관점에서 보고 느끼고 생각할 수 있는 신선한 자극을 얻고, 전공 학생이나 문학창작을 원하는 이의 입장에서는 중, 단편소설의 다양한 가능성을 생각해볼 수 있는 계기가 되기를 기대한다.

필자는 이 편역서를 통해 좀 더 많은 사람이 독일문학을 쉽게 접하길 원한다. 더 나아가 이 책이 사람들에게 더 많은 독일문학을 알리고 전파하는 데 일조하길 바란다. 문학작품을 읽는 것은 바로 이러한 독서 행위를 통해 우리를 다시 되돌아보고 시대를 재평가하는 행위를 의미한다. 그러므로 문학작품과 함께한다면 현시대의 문제와 담론에 더 넓은 관점을 가지고 현명하게 해결할 수 있는 태도를 갖출 수 있을 것이다. 그리고 문학 속에서 더 나은 미래를 기대하는 일도 가능하다고 본다.

2022년 11월 겨울이 다가오는 길목에서

김동조

차례

임멘 호수

노인

어느 늦은 가을 오후에 옷을 잘 입은 어떤 노인이 천천히 거리 아래쪽으로 걸어가고 있었다. 그는 산책 후에 집으로 되돌아오는 것처럼 보였다. 왜냐하면, 이미 유행이 지난, 버클이 붙은 신발이 먼지투성이가 되어 있었기 때문이다. 그는 황금빛 단추가 달린 긴 나무 지팡이를 팔 아래에 걸고 있었다. 사라져 버린 모든 청춘이 담겨 있는 듯한 그의 검은 색 눈동자와 눈처럼 하얀 머리는 독특하게 대비되었다. 그 노인은 조용히 주변을 둘러보았고 석양 속에 놓여 있는 도시 밑을 보고 있었다.

그는 거의 이방인처럼 보였다. 그의 옆을 지나가는 많은 이 중에 단지 몇 명만이 그 노인의 진지한 눈에 자기도 모르게 빨려 들어가면서 인사했기 때문이다. 그는 마침내 합각 머리 모양의 벽면이 길 쪽으로 나 있는 집 앞에 조용히 서서 시내 쪽을 한 번 더 돌아다본 후 현관 안으로 걸어갔다. 초인종을 울리자 현관으로 향해 있는 창문 달린 방 안에서 녹색 커튼을 젖히고 어떤 나이 든 부인이 그 뒤에서 얼굴을 보였다. 그는 그 부인에게 나무 지팡이를 흔들었다.

"아직 불을 켜지 말아요!"라며 그는 약간 남부지방의 억양으로 말했다. 가정부처럼 보이는 여인이 커튼을 다시 내렸다. 이제 노인은 넓은 현관을 거쳐 참나무로 된 큰 옷장과 도자기 꽃병들이 벽 옆에 놓여 있는 거실을 지나갔다. 그리고 맞은 편에 있는 문을 지나 작은 마루로 걸어갔다. 그 마루에서부터 좁은 계단이 집 뒤편의 위층 방으로 이어져 있었다.

그는 천천히 계단 위로 올라가 문을 열어젖힌 후 넓은 방 안으로 들어갔다. 이 방은 은밀하면서 고요한 분위기였다. 벽의 한쪽은 서

류가 든 서가와 책장으로 거의 채워져 있었고 다른 쪽 벽에는 인물화들과 정물화가 걸려 있었다. 책이 펼쳐져 있는, 녹색의 천으로 덮인 책상 앞에는 붉은 벨벳 방석이 있는, 무거워 보이는 안락의자가 있었다.

노인은 모자와 지팡이를 구석에 놓은 후 그 의자에 앉았으며 깍지 낀 두 손으로 휴식을 취하려는 것처럼 보였다. 그렇게 앉아 있을 즈음, 점차 어둠이 깔리고 있었다. 마침내 달빛이 창문을 통해 벽 위의 그림을 비췄다. 밝은 달빛이 천천히 넓게 움직이자 이에 따라 노인의 눈도 무의식적으로 뒤따라갔다. 이제 그는 소탈한, 검은 액자의 작은 인물화 위에 멈추어 섰다. 노인은 낮은 목소리로 말했다.

"엘리자베스!"

그가 그 이름을 말했을 때 시간이 과거로 되돌아갔다. 그는 유년 시절로 돌아가 있었다.

아이들

곧 작은 소녀가 애교 있는 모습으로 그에게 걸어왔다. 그 소녀는 이름이 엘리자베스였고 다섯 살쯤으로 보였다. 그 자신은 소녀보다 두 배 정도로 많은 나이 같았다. 소녀는 목에 붉은색 명주로 된 작은 손수건을 두르고 있었으며 그것은 갈색 눈과 함께 아주 귀여워 보였다.

"라인하르트! 우린 자유야, 자유! 하루종일 학교수업이 없어, 내일도 안가도 돼."

라인하르트는 벌써 팔 아래에 끼고 있던 주판을 재빨리 집 문 뒤에 세워 두었다. 그 후 두 아이는 집을 통과해 정원으로, 정원의 작은 문을 통과해 초원으로 뛰어갔다. 예상치 않았던 휴일은 그 아이들에게 정말 기분 좋은 일이었다. 라인하르트는 그곳에서 엘리자베스의 도움을 받아 잔디 뗏장으로 집을 지었다. 그 속에서 두 아이는 여름 저녁 시간을 보낼 예정이었다. 그렇지만 아직 벤치가 없었다. 이제 그가 즉시 일을 시작했다. 못, 망치 그리고 필요한 판자가 이미 준비되어 있었다.

엘리자베스는 담장을 따라가 동그란 모양의 야생 당아욱 씨를 앞치마에 모았다. 그것으로 그녀는 목걸이와 리본을 만들려고 했다. 라인하르트가 결국에는 못을 삐뚤게 박긴 했지만, 벤치를 만들었고 이제 다시 해가 물러가 있었을 때 엘리자베스는 이미 그곳에서 멀리 초원의 끝자락에 뛰어가고 있었다.

"엘리자베스! 엘리자베스!"

그가 부르자 소녀가 달려왔는데 곱슬머리가 휘날렸다.

"여기 와봐. 이제 우리 집이 완성되었어. 너 정말 더워 보인다. 안으로 들어와. 우리 함께 새 벤치에 앉자. 내가 너에게 어떤 얘기해 줄게."

그 후 두 사람은 안으로 들어가 새 벤치 위에 앉았다. 엘리자베스가 앞치마에서 작은 반지들을 꺼내 긴 끈 모양으로 만들었다. 라인하르트는 이야기를 시작했다.

"옛날에 세 명의 거미 여인이 있었어...."

엘리자베스가 말했다.

"아, 난 정말 그 이야기를 이제 외울 정도로 알고 있어. 어휴, 넌 항상 똑같은 이야기만 하네."

이 때문에 라인하르트는 세 명의 거미 여인에 관한 이야기를 중단해야만 했다. 그 대신에 사자 굴 안으로 내던져진 가여운 남자의 이야기를 했다.

"그때는 밤이었어. 아주 깜깜한 밤이었고 사자들은 자고 있었어. 그렇지만 사자들은 자면서도 이따금 하품도 했고 빨간 혀를 내밀기도 했어. 그러면 그 남자는 몸서리쳤고 아침이 오고 있다고 생각했지. 그때 갑자기 그의 주변에 밝은 빛이 비쳐서 그가 위를 보았을 때 천사가 그의 앞에 서 있었어. 그 천사는 남자를 향해 손짓했고, 이후 바로 바위 속으로 들어가 버렸어."

엘리자베스는 귀담아 듣고 있었다.

"천사? 그 천사는 날개가 있었어?"

"이건 단지 이야기일 뿐이야. 사실 천사는 전혀 존재하지 않아."

라인하르트가 대답했다.

"에이, 관둬, 라인하르트!"

그녀는 그의 얼굴을 뚫어지게 응시했다. 하지만 그가 어두운 안색으로 그녀를 주시하자, 그녀는 의심스러운 눈빛으로 그에게 질문했다.

"대체 왜 항상 사람들은 그렇게 말하는 거지? 엄마도 이모도, 학교에서도?"

"그건 나도 잘 몰라."

그가 대답했다.

"하지만 오빠, 사자들도 정말 없는 거야?"

"사자? 사자들이 없냐고! 인도에 있지. 그 나라에서는 우상을 섬기는 사제들이 사자들을 수레 앞에 묶어 그 사자들과 함께 사막을 달리지. 내가 어른이 되면 언젠가는 내 스스로 그 나라에 갈 거야. 그곳은 여기 우리가 있는 곳보다 수천 배 더 아름다운 곳이야. 그곳에는 겨울이 전혀 없어. 너도 역시 나와 함께 가야 해. 그렇지?"

"그래, 하지만 엄마도 함께 가야만 하고 오빠의 엄마도 역시."

"아니, 그때쯤이면 엄마들은 너무 나이가 들어 함께 갈 수가 없어."

"그렇지만 나 혼자만 가는 건 허락받지 못해."

"그때쯤이면 너는 이미 괜찮아. 그때는 넌 사실 내 부인이 될 거야, 그러면 다른 사람들이 너에게 어떤 명령도 내릴 수 없어."

"그렇지만 엄마가 울게 될지도 몰라."

"우린 다시 돌아와."

라인하르트가 격정적으로 말했다.

"이제 똑바로 말해. 너, 나와 함께 여행가기를 원해? 그렇지 않으면 나만 홀로 갈 거야. 그 후 난 결코 다시는 오지 않을 거야."

소녀는 거의 울기 직전이었다.

"그렇게 화난 눈을 하지는 마. 그래, 내가 함께 인도에 갈게."

라인하르트는 신이 나서 기뻐하며 그녀의 두 손을 잡고 초원으로 이끌었다.

"인도를 향해, 인도로!"

그는 노래를 불렀고 소녀와 함께 원을 그리며 몸을 흔들었는데 목에 두른 소녀의 붉은 손수건이 날아갈 정도였다. 그런데 갑자기 그가 소녀를 풀어 주었고 진지하게 말했다.

"그렇지만 그런 일은 일어나지 않을 거야. 넌 그럴 용기가 없어."

이때 정원의 작은 문에서 외치는 소리가 들렸다.

"엘리자베스! 라인하르트!"

"여기예요, 여기!"

아이들은 대답하며 손에 손을 잡고 집으로 달려갔다.

숲에서

그 아이들은 그렇게 함께 지냈다. 그에게는 엘리자베스가 종종 너무 조용했고 소년은 엘리자베스에게 종종 너무 거칠었지만, 그들은 서로에게서 멀어지지 않았다. 겨울에는 자신들의 엄마의 좁은 방 안에서, 여름에는 덤불과 들판에서 그들은 거의 모든 자유시간을 함께 했다.

한번은 엘리자베스가 라인하르트가 있는 앞에서 선생님에게 꾸지람을 들은 적이 있었는데 그는 남자 선생님의 분노를 자신에게 향하도록 하려고 자신의 주판을 책상 위에 내리쳤다. 선생님은 그것을 알아차리지 못했다. 하지만 라인하르트는 지리학 수업에 완전히 집중력을 잃어버렸다. 대신에 그날 라인하르트는 긴 시를 적었다. 시에서 그는 자신을 어린 매에, 선생님을 잿빛 까마귀에, 엘리자베스를 하얀 비둘기에 비유했다. 그 매는 날개가 다 자라자마자 잿빛 까마귀에게 복수할 것을 맹세하는 시였다. 어린 시인의 눈에는 눈물이 고여 있었다. 자기 자신이 아주 숭고하게 여겨졌다. 집에 왔을 때 라인하르트는 많은 흰색 종이들을 이용해 양피지 표지가 된 책을 만들었다. 첫 페이지에 그는 신중한 필체로 자신의 첫 시를 적었다.

그 직후 그는 다른 상급학교로 옮겨갔다. 그 학교에서 그는 동년배의 친구들과 새로운 우정을 쌓았다. 하지만 이 때문에 엘리자베스와의 교제가 방해받는 일은 없었다. 자신이 평소에 엘리자베스에게 반복해서 이야기를 들려주었던 동화 중에서 그녀가 가장 마음에 들었던 이야기를 적기 시작했다. 이때 자신만의 생각 중 일부를 그 속에 첨부하고 싶은 갑작스런 심경의 변화가 일어나곤 했다. 하지만 그 이유는 몰랐지만, 항상 그렇게 마음대로 되지는 않았다. 그래서 자신이 들었던 대로 정확하게 이야기를 적어나갔다. 그런 다음 엘리자베스에게 그 책을 주었으며 그녀는 그 책을 자신의 상자 서랍 안에 조심스럽게 보관했다. 그리고 엘리자베스가 라인하르트가 있을 때 그가 적은 책에 있는 이 이야기들을 그녀의 어머니에게 소리 내어 읽어 주는 것을 들었을 때 그는 만족감에 찬 희열을 느꼈다.

7년이 지나갔다. 라인하르트는 또 다른 공부를 계속하기 위해 그 도시를 떠나야 했다. 이제 엘리자베스는 한동안은 라인하르트가 없는 시간이라는 사실을 생각할 수가 없었다. 그가 어느날 평소처럼 그녀를 위해 동화를 적을 것이라고 말했을 때 그녀는 매우 기뻐했다. 그가 자신의 어머니에게 부치는 편지 안에 함께 넣어 보내고자 하며 그 이야기가 그녀 마음에 들었는지 자신에게 다시 답장을 보내야 한다고 말했다.

출발할 날이 다가왔다. 그렇지만 떠나기 전에 양피지 겉장으로 된 책에 몇몇 시구절이 더 채워졌다. 점점 하얀 종이의 거의 절반을 채운 시의 대부분과 시를 쓰게 된 동기도 그녀였지만 이 모든 것을 라인하르트는 그녀에게 비밀로 하고 있었다.

6월이 되었다. 라인하르트는 다음 날 떠나기로 되어 있었다. 이제 주변인들은 다시 한번 모두가 환송 축하 행사를 하고자 했다. 이를 위해 가까운 삼림 지역 중의 한 곳으로 소풍을 가게 되었다. 숲 가장자리까지 몇 시간이 소요되는 길은 마차를 타고 갔다. 그 이후 사람들은 식품이 든 바구니를 마차에서 꺼내어 계속 걸어갔다. 우선 전나무 숲을 지나가야만 했다. 그곳은 서늘하고 어두웠으며 바닥 곳곳에 침엽수 잎들이 흩어져 있었다. 반 시간 정도 걸은 후 사람들은 어두운 전나무 숲으로부터 나와 신선한 너도밤나무 숲에 도달했다. 그곳은 모든 것이 밝고 녹색이었으며 가끔 잎이 무성한 가지 사이로 햇빛도 빛났다. 다람쥐 한 마리가 사람들의 머리 위의 나뭇가지 사이를 뛰어다녔다.

그들은 아주 오래된 너도밤나무 줄기의 투명한 잎들이 아치 모양으로 함께 자란 장소의 아래쪽에서 멈췄다. 엘리자베스의 어머니가 바구니 중 하나를 열었고 한 노인은 음식을 나누어주는 일을 맡겠다며 자원했다.

"젊은이들, 모두 내 주위로 오세요!"

그 노인이 불렀다.

"내가 여러분에게 말하는 것을 명심하세요. 여러분 각자는 이제 아침 식사로 마른 빵 두 개씩 받습니다. 버터는 집에 있어요. 그러니 빵과 함께 먹을 다른 부식물을 너희들 스스로 찾아 나서야만 해. 숲 속에는 딸기가 충분히 있어. 이 말의 의미는 딸기를 찾을 줄 아는 사람에게는 충분하다는 말이네. 서투른 사람은 마른 빵을 그대로 먹어야 하지. 우리 인생에서는 이런 일들이 곳곳에서 일어나곤 해. 너희들 모두 내 말 잘 이해했지?"

"잘 알아들었습니다."

젊은이들이 소리쳤다.

"자, 보세요. 아직 내 말이 끝나지 않았어요. 우리 노인들은 인생에서 이미 충분히 여러 곳을 돌아다녔지. 그래서 우리는 이제 집에 남아 있겠네. 이 말의 의미는 여기 이 큰 나무들 아래에서 감자 껍질을 깎고 불을 피우고 식탁을 준비하겠네. 열두 시가 되면 달걀 요리도 해놓을 거야. 대신 너희들은 딸기의 절반을 우리에게 줄 의무가 있어. 우리가 후식도 서비스할 수 있어야 하니까. 이제 동쪽, 서쪽으로 흩어져 가서 열심히 딸기를 찾으세요!"

젊은이들은 각자 장난꾸러기 같은 얼굴 표정을 지었다.

"잠깐, 멈추게!"

노인이 한 번 더 불렀다.

"이 말을 내가 너희들에게 아마 말할 필요는 없지만, 딸기를 찾지 못한 사람은 아무것도 건네줄 필요는 없다. 그렇지만 자네들이 귀담아 새겨둘 점은 그 사람은 우리 노인네들에게서 아무것도 받지 못한다는 점이야. 이제 자네들은 오늘 좋은 가르침을 충분히 받았네. 거기에다가 자네들이 이제 딸기도 갖게 된다면 오늘 이미 인생에서 성공하게 된 거네."

젊은이들도 그 노인과 같은 생각이었으며 짝을 지어 떠나기 시작했다.

라인하르트가 말했다.

"자, 엘리자베스! 딸기밭이 있는 구역을 내가 알고 있어. 넌 마른 빵을 먹어서는 안돼."

엘리자베스는 밀짚모자의 녹색 끈들을 함께 연결해서 그것을 팔에 걸었다. 엘리자베스가 말했다.

"그래, 가자. 바구니가 완성되었어."

이후 그들은 점점 더 깊이 숲속으로 들어갔다. 습기가 많고 잘 보이지 않는 나무 그늘을 통과해서 들어갔다. 그곳은 모든 것이 고요했다. 보이지는 않았지만 그들의 머리 위 허공에서는 매의 울음소리가 들렸다. 그 후 다시 라인하르트가 작은 길을 만들기 위해서 전진해야만 할 만큼 촘촘하게 우거진 덤불 숲을 통과하게 되었다. 한쪽에서는 가지를 부러뜨리고 다른 쪽에서는 덩굴을 옆으로 구부리며 전진해야만 했다. 하지만 그는 곧 뒤에서 엘리자베스가 자신의 이름을 부르는 것을 들었다. 그는 몸을 돌렸다.

"라인하르트, 기다려, 라인하르트!"

그는 엘리자베스를 볼 수 없었다. 마침내 그녀가 몇 걸음 떨어진 곳에서 덤불과 싸우고 있는 모습을 보았다. 그녀의 섬세한 작은 머리가 덤불 끝자락 위에서 거의 헤엄치고 있는 것처럼 보였다. 이제 그는 다시 한번 되돌아가 혼잡한 풀과 관목을 지나 그녀를 빈 공터로 끌어냈다. 그곳에는 파란 나비가 외로운 숲속의 꽃들 사이에서 날개짓하며 날고 있었다. 라인하르트는 붉어진 그녀의 얼굴에서 축축해진 머리카락을 쓰다듬어 주었다. 그런 다음 밀짚모자를 씌워 주려고 했지만 그녀는 사양했다. 그렇지만 그는 엘리자베스에게 그렇게 하길 부탁했고 그녀는 그것을 받아들였다. 이윽고 그녀는 멈추어 서서 깊은숨을 몰아쉬며 물었다.

"그런데 대체 네가 말한 딸기는 어디에 있지?"

그가 말했다.

"여기에 딸기들이 있었는데. 하지만 두꺼비들이 우리보다 앞서 다녀갔거나 담비 혹은 어쩌면 요정들이 먼저 왔는지도 몰라."

엘리자베스가 말했다.

"그래. 딸기잎들이 아직 있네. 그렇지만 여기서 요정들에 대해서는 말하지마. 자, 가자. 난 전혀 힘들지 않아. 우리 계속해서 찾으러 가자.

그들 앞에는 작은 강이 있었고, 건너편에는 다시 숲이 있었다. 라인하르트가 그녀를 팔에 안고 들어 올려 강 건너편으로 옮겼다. 잠시 후 그들은 나뭇잎이 우거진 그늘로부터 나와 다시 넓고 밝은 숲속의 빈터로 나왔다.

"여기에 분명히 딸기가 있을 거야. 달콤한 향기가 풍기네."

소녀가 말했다.

그들은 햇빛이 비치는 공간을 지나 딸기를 찾으면서 나아갔다. 하지만 딸기를 하나도 발견하지 못했다.

"아냐, 이건 히드꽃 향기일 뿐이야."

라인하르트가 말했다.

딸기나무 수풀과 가시나무들이 곳곳에 뒤섞여 있었다. 땅의 공터를 작은 풀들이 여기저기 뒤덮고 있었고, 풀 사이에 자란 히드꽃의 강한 향기가 공기에 많이 남아 있었다.

"여기는 외로운 곳이네. 다른 사람들은 어디에 있을까?"

엘리자베스가 말했다.

라인하르트는 되돌아가는 길을 생각해 두지 않았다. 라인하르트가 말했다.

"기다려봐. 어느 방향에서 바람이 불어오지?"

그는 손을 허공에 높이 들어올렸다. 하지만 바람이 불지 않았다. 엘리자베스가 말했다.

"조용히 해봐. 내 생각에는 사람들 말소리를 들은 것 같아. 저 아래 쪽으로 한번 불러봐."

라인하르트는 손을 둥글게 오므린 채 불렀다.

"이쪽으로 오세요!"

소리가 되돌아 왔다. "이쪽으로 ..."

"그들이 대답한다!"

엘리자베스가 손뼉을 쳤다.

"아니야, 그건 아무것도 아냐, 그건 메아리였을 뿐이야."

엘리자베스가 라인하르트의 손을 붙잡으며 말했다.

"두려워!"

라인하르트가 말했다.

"아니야, 그렇지 않아. 여기는 정말 아름다운 곳이야. 저기 풀 사이에 있는 그늘에 앉자. 잠시 휴식을 취하자. 우린 다른 사람들을 찾을 거야."

엘리자베스는 가지가 돌출해있는 너도밤나무 아래에 앉아 모든 방향을 향해 주의 깊게 귀를 기울였다. 라인하르트는 그곳에서 몇 걸음 떨어진 나무토막 위에 앉아 말없이 그녀를 향해 보고 있었다. 해가 바로 그들의 머리 위쪽에 있었다. 작열하는 한낮의 열기가 뜨거웠다. 금색으로 빛나는, 강철처럼 파란 작은 파리들이 날개를 진동하며 공중에 떠 있었다. 파리들 주변에는 웽웽거리는 소리가 들렸고 숲속 깊은 곳에서는 간혹 나무를 쪼아대는 딱따구리 소리나 산새들의 소리가 들렸다.

"귀 기울여봐. 종소리가 들려."

엘리자베스가 말했다.

"어디에서?"

라인하르트가 물었다.

"우리 뒤에서. 너 들리니? 정오야."

"그러면 우리 뒤편에 마을이 있어. 그리고 우리가 이 방향으로 똑바로 나아가면 다른 사람들을 만나게 될 거야."

그렇게 그들은 되돌아가는 길을 갔다. 그들은 딸기 찾는 것을 단념했다. 왜냐하면, 엘리자베스가 지쳐 있었기 때문이다. 마침내 나무 사이로 사람들의 웃는 소리가 들렸다. 그런 다음에 그들은 바닥에 있는 흰 천이 반짝거리는 것을 보았다. 그것이 식탁이었고 그 위에는 딸기가 많이 놓여 있었다. 노인은 냅킨을 단추 구멍 안에 끼운 채 구운 고기를 열심히 썰면서 젊은이들에게 윤리 연설을 계속하고 있었다.

"저기 뒤처진 지각생들이 오고 있다."

젊은이들이 라인하르트와 엘리자베스가 나무 사이를 통과해서 오는 모습을 보자 소리쳤다.

노인이 불렀다.

“이쪽으로 오너라. 보자기를 비워 보거라, 모자를 뒤집어 봐라? 너희들이 찾은 것을 이제 보여다오.”

“배고픔과 갈증뿐이에요!”

라인하르트가 말했다.

“만약 그것이 전부라면...”

노인이 대답하고는 그들 쪽으로 음식이 가득한 그릇을 들어 올렸다.

“너희들은 약속을 지켜야 하지. 너희들 그 약속을 알고 있지. 여기에서는 게으른 사람들에게는 음식이 주어지지 않는단다.”

하지만 결국 그 노인은 간청을 들어 주었고 음식을 나누어 주었다. 이제 식사가 계속되었다. 게다가 노간주나무 숲에서 지빠귀 새들이 날아올랐다.

그렇게 그날 하루가 지나갔다. 하지만 라인하르트는 무언가를 발견한 것과도 같았다. 비록 그것은 산딸기는 아니었지만, 그것 역시 그 숲속에서 자라난 것이었다. 그는 집에 왔을 때 낡은 양피지 책에 글을 썼다.

여기 산비탈에서
바람은 완전히 침묵하고 있구나.
나뭇가지들은 축 늘어져 있고
그 아래에 그 소녀가 앉아 있네.

그녀는 백리향 속에 앉아 있네.

순수한 향기 속에 앉아 있네.
파란색 파리들은 윙윙거리고
공중에서 반짝거리고 있네.

숲은 그렇게 말없이 서 있고.
그녀는 그렇게도 영리하게 숲속을 보고 있구나.
그녀의 갈색 곱슬머리 위에서
햇빛이 흘러내리고 있네.

저 멀리서 뻐구기가 소리내어 웃고,
내 마음에 생각이 떠오르니,
그녀는 숲의 여왕의
금빛 눈을 가졌구나.

그렇게 그녀는 그의 보호만 받는 소녀가 아니었다. 그에게는 엘리자베스가 꽃피고 있는 그의 인생에서 모든 사랑스럽고 놀라운 것에 대한 표현이기도 했다.

저기 길가에 그 소녀가 서 있네

크리스마스 이브가 가까워졌다. 라인하르트가 시청 지하 술집의 오래된 떡갈나무 식탁에 다른 대학생들과 함께 앉아 있었을 때는 아직 오후였다. 벽에 있는 전등은 불이 켜져 있었다. 왜냐하면, 그곳 지하에는 이미 어두워지고 있었기 때문이다. 하지만 손님들이 조금씩 모여들었고 종업원들은 한가하게 벽기둥에 기대어 서 있었다. 아치형 지하실 구석에는 바이올린 연주자와 집시처럼 보이는 무리와 함께 집시 소녀가 앉아 있었다. 그들은 악기를 무릎 위에 얹은 채 무관심한 듯 앞만 주시하고 있었다.

대학생들이 모인 식탁에서 샴페인 마개 따는 소리가 들렸다.

"마셔요, 보헤미아의 사랑스런 집시 소녀여!"

귀족 같은 외모의 한 젊은이가 가득 채운 술잔을 그 소녀에게 건네면서 말했다.

"나는 마시기 싫어요."

그녀는 자리에서 이동하지 않은 채 말했다.

"그럼 노래를 불러요!"

그 젊은이가 소리치며 소녀의 무릎에 은화를 던졌다. 바이올린 연주자가 그녀에게 귀속말을 하는 동안 그 소녀는 손가락으로 서서히 검은 머리를 쓰다듬었다. 하지만 그녀는 머리를 뒤로 젖힌 후 치터(현악기의 일종) 위에 턱을 떠받쳤다.

그녀는 말했다.

"저 사람을 위해 연주하지는 않겠어요."

라인하르트가 손에 술잔을 든 채 일어나서 그녀 앞에 섰다.

"당신은 무엇을 원해요?"라며 그녀가 도전적으로 물었다.

"당신 눈을 볼거요."

"내 눈이 당신과 무슨 상관이죠?"

라인하르트가 불꽃같은 눈으로 그녀를 내려다보았다.

"내가 보기에 당신 눈은 진실하지 않아!"

그녀는 손바닥에 자신의 뺨을 얹으며 탐색하듯이 그를 바라보았다. 라인하르트는 술잔을 입에 갖다 대었다.

"아름답고 죄에 빠지기 쉬운 당신 눈을 위해!"

그녀는 웃으며 머리를 젖혔다.

"한 잔 주세요!"

그녀는 그렇게 말하고는 검은 눈으로 그의 눈을 응시한 채 천천히 남은 잔을 비웠다. 그 후 3화음으로 깊고 열정적인 목소리로 노래했다.

오늘, 단지 오늘뿐이야.
내가 이렇게 아름다운 것도.
내일, 아, 내일이면
모든 것은 지나가버린다네!
오직 이 시간만
당신은 아직 내 것이라네.
죽음, 아, 죽음은
나 혼자서만.

바이올린 연주자가 활발한 템포로 후속연주를 시작하는 동안 새로 온 손님이 무리에 합류하며 말했다.

"라인하르트, 난 너를 데리러 왔어. 네가 이미 떠난 후에 크리스마스 선물을 가져오는 아기 예수가 너의 집에 들렀다네."

라인하르트가 말했다.

"아기 예수라고? 아기 예수는 이제 내게는 안 온다네."

"에이, 무슨 말이야! 네 방 전체가 전나무와 구운 과자 냄새가 나고 있던데."

라인하르트는 잔을 손에서 내려놓고 모자를 잡았다.

"당신 무얼 하려고요?"

소녀가 물었다.

"곧 다시 올게."

그녀가 이마를 찌푸렸다.

"여기 계속 있어요."

그녀는 낮은 목소리로 말하고는 친밀하게 그를 바라보았다.

라인하르트는 잠시 주저하다가 말했다.

"나는 그럴 수 없어."

그녀는 웃으면서 발끝으로 그를 찼다.

"가요! 당신도 아무 소용없는 사람이야. 당신들 모두 다 쓸모없는 사람들이야."

그리고 그녀가 몸을 돌리는 동안 라인하르트는 천천히 지하 계단 위를 올라갔다.

바깥 거리에는 짙은 어둠이 깔려 있었다. 그는 자신의 뜨거운 이마에서 시원한 겨울 공기를 느꼈다. 이곳저곳에서 창문 밖으로 전나무에 달린 전구의 밝은 빛이 새어 나왔다. 집 안에서는 작은 피리 소리, 금속 트럼펫 소리와 그 중간중간에 환호하는 아이들의 목소리가 들렸다. 구걸하는 아이들이 떼를 지어 이 집에서 저 집으로 다니거나 층계의 난간 위로 올라가서 창문을 통해 그 아이들에게는 거부된 꿈같은 멋진 광경을 보려고 했다. 간혹 문이 갑자기 열렸고 야단치는 소리 때문에 그 작은 아이들은 밝은 집에서 쫓겨나 어두운 골목으로 도망쳤다. 또 다른 곳에서는 집 현관에서 오래된 성탄절 노래가 들렸다. 그중에는 청아한 소녀의 목소리도 들어 있었다. 하지만 라인하르트는 그 소리를 듣지 못했다.

그는 급하게 그 모든 것을 지나쳐서 한 거리에서 다른 거리로 접어

들고 있었다. 그가 자신의 집에 도착했을 때는 거의 완전히 어두워져 있었다. 그는 비틀거리며 계단을 올라가 작은 방 안으로 들어갔다. 달콤한 향기가 그를 향해 다가왔다. 고향 생각이 나게 하는 향기였다. 마치 어머니의 집에 있는 것처럼 성탄절 방 같은 향기가 풍겼다. 떨리는 손으로 그는 불을 밝혔다.

탁자 위에는 큼지막한 소포가 하나 놓여 있었다. 소포를 개봉하자 잘 아는 갈색 크리스마스 과자가 바닥에 떨어졌다. 몇몇 과자 위에는 그의 이름 이니셜이 설탕으로 뿌려져 있었다. 엘리자베스 외에 그렇게 할 수 있는 사람은 없었다. 섬세하게 수를 놓은 옷 꾸러미, 수건과 셔츠의 커프스 그리고 마지막에는 어머니와 엘리자베스의 편지가 나왔다. 라인하르트는 우선 엘리자베스의 편지를 개봉했다. 엘리자베스는 다음과 같이 적었다.

과자 만들 때 누가 함께 도왔는지를 아마 멋진 설탕 철자가 네게 얘기해 주겠지. 똑같은 사람이 오빠를 위해 셔츠 커프스에 뜨개질도 했어. 우리 집에서는 크리스마스 이브가 아주 조용하게 될 거야. 우리 어머니는 항상 이미 아홉 시 반이면 물레를 구석에 갖다 놓으셔. 오빠가 여기에 없는 이번 겨울은 너무나도 외로운 것 같아. 지금은 오빠가 내게 선물했던 홍방울새가 지난 일요일에 죽은 상태야. 난 아주 많이 울었어. 난 항상 그 새의 건강에 주의를 기울였는데. 평소에 그 새는 태양이 새장을 비추는 오후에는 항상 울었어. 오빠도 알지. 그 새가 너무 힘차게 울어댔을 때는 새를 조용하게 하려고 어머니가 종종 새장 위에 천을 덮었잖아. 이제 방안은 더욱더 고요하고 단지 오빠의 옛 친구 에리히만 간혹 우리를 방문하고 있어. 오빠가 한때 말한 적이 있잖아. 에리히는 자신의 갈색 신사용 외투와 비슷하다고. 이제 그가 문으로 들어올 때마다 항상 난 그 생각을 하게 돼. 그건 정말 너무 코믹하잖아! 그렇지만 어머니에게는 그걸 말하지 마. 그 말 하면 어머니가 화내실 수도 있어.

내가 크리스마스 때 오빠 어머니에게 무엇을 선물하게 될지 알아맞혀 봐! 그걸 알아맞히지 못하겠지? 바로 나 자신을 선물할 거야! 에리히가 검은색 분필로 나를 그리고 있어. 난 이미 그때마다 한 시간씩, 세 번이나 그를 향해 앉아 있었어. 생소한 사람이 내 얼굴을 그렇게 외울 수 있을 정도로 알게 되는 게 정말 난 기분이 별로야. 난 원하지 않았지만, 어머니가 그렇게 하라고 권유했거든. 이렇게 하면 마음이 선한 베르너 부인에게 큰 기쁨을 주실 거라고 어머니가 말씀하셨어.

라인하르트, 오빠는 약속을 지키지 않네. 동화를 보내지 않았잖아. 난 종종 오빠 어머니에게 이에 대한 고충을 말했어. 그러면 어머니는 항상 말씀하셔. 오빠는 이제 그런 어린애 같은 일보다 해야 할 일이 더 많다고 말이야. 그렇지만 난 그렇게 믿고 싶지 않아. 그건 아마 사실과 다를 거야.

이제 라인하르트는 그의 어머니의 편지도 읽었다. 그가 두 편지를 읽고 난 후 천천히 접어서 치웠을 때 고향을 향한 참을 수 없는 그리움이 밀려왔다. 그는 한동안 방을 오르락내리락했다. 그리고 낮은 목소리로, 거의 이해하기 힘든 말을 혼자서 말했다.

그는 거의 길을 잃어버렸는 지도 모른다.
나가는 길을 몰랐던 것이다.
그때 그 소녀가 길가에 서 있었지.

그리고 그에게 집으로 오라고 손짓하네!

이후 그는 기울어진 책상으로 걸어가 돈을 조금 꺼내어 다시 거리로 내려갔다. 그곳은 그사이에 한산해져 있었다. 크리스마스트리는 다 타서 꺼져 있었고 구걸하던 아이들의 행렬도 끝나있었다. 외로운 거리를 바람이 휩쓸고 지나갔다. 노인과 젊은이들이 자신들의 집안에서 가족끼리 함께 앉아 있었다. 크리스마스이브의 두 번째 막이 시작되었던 것이다.

라인하르트가 시청 지하 술집 근처에 왔을 때, 그는 아래에서 올라오는 바이올린 켜는 소리와 그 집시 소녀의 노랫소리를 들었다. 그때 아래쪽에서 지하주점 문의 종소리가 들렸다. 어두운 형체의 어떤 사람이 침침한 빛이 비치는 널찍한 계단을 비틀거리며 올라왔다. 라인하르트는 집들의 그림자 속으로 몸을 숨긴 후 신속하게 지나갔다. 잠시 후 그는 불빛이 비치는 한 금은방 가게에 다다랐다. 여기에서 붉은 산호가 붙은 작은 십자가를 구매한 후 자신이 왔던 길을 되돌아갔다.

자신의 집에서 멀리 떨어지지 않은 곳에서 그는 넝마를 걸친, 불쌍해 보이는 작은 소녀가 어떤 집 높은 대문에 서서 문을 열려고 했지만 열지 못하는 모습을 보았다.

"내가 널 도와줄까?"

그가 말했다.

그 아이는 아무런 응답도 하지 않았지만, 그가 육중한 문고리를 만지게 내버려 두었다. 라인하르트는 이미 그 문을 열었다. 그가 말했다.

"아니, 저 사람들이 너를 밖으로 쫓아낼 수도 있어. 나와 함께 가자! 성탄절 과자를 너에게 줄게."

그리고 나서 그는 문을 다시 닫았고 작은 소녀의 손을 잡았다. 소녀는 조용히 라인하르트와 함께 그의 집으로 갔다.

그는 나갈 때 불을 켜 두었었다.

"자, 여기 과자를 받거라."

그는 설탕 이니셜이 있는 과자만 제외하고 자신의 보물 같은 크리스마스 선물의 절반을 소녀의 앞치마에 담아 주었다.

"이제 집에 가서 너의 어머니에게도 그것을 드리거라."

아이는 수줍은 눈길로 그를 올려다보았다. 그러한 호의에 익숙치 않고, 그런 것에 대해 아무런 답변을 할 수 없는 것처럼 보였다. 라인하르트는 문을 열고 그 소녀에게 불을 비춰 주었다. 이제 그 아이는 과자를 갖고서 새처럼 날 듯이 계단을 내려가 집으로 갔다.

라인하르트는 난로에 불을 피우고 먼지 낀 잉크병을 책상 위에 놓았다. 그 후 앉아서 편지를 썼다. 온 밤을 자신의 어머니와 엘리자베스에게 편지를 썼다. 남아 있는 성탄절 과자는 그가 손도 대지 않아 그대로 놓여 있었다. 하지만 그는 엘리자베스가 보낸 셔츠 커프스를 달고 있었다. 그것은 그의 하얀 색 상의에 놀라울 정도로 어울렸다. 겨울 해가 얼어있는 창문 위를 비추고 그의 맞은편에 있는 거울 속에 창백한 얼굴이 보였을 때도 그는 계속 그렇게 앉아 있었다.

고향에서

부활절이 되었을 때 라인하르트는 고향으로 갔다. 도착한 다음 날 아침에 그는 엘리자베스에게로 갔다. 아름다우면서 가냘픈 소녀가 그를 향해 미소지으면서 왔을 때 그는 말했다.

"너 정말 많이 컸네."

그녀는 얼굴이 빨갛게 되었지만 아무런 대답도 하지 않았다. 그를 맞이할 때 잡았던 그녀의 손을 살며시 빼내려고 했다. 그는 의아해서 머뭇거리며 그녀를 주시했다. 그녀가 예전에는 그렇지 않았었는데, 이제 어떤 낯선 것이 그들 사이에 생긴 것 같았다.

그가 이미 오랫동안 그곳에 있어도 매일매일 그가 다시 그녀 집에 왔을 때도 그런 느낌은 계속 남아 있었다. 두 사람만 함께 앉아 있을 때면 그에게는 고통스러운 말 없는 침묵이 생겼으며 불안해하던 그가 결국에는 먼저 상냥하게 말을 해야 했다. 방학 동안에 즐거운 오락거리를 갖기 위해 그는 엘리자베스에게 식물학을 가르쳐주기 시작했다. 그것은 그가 대학 생활의 첫 달에 열심히 전념했던 과목이었다. 모든 면에서 그를 따르는 데 익숙하고 더군다나 교육에 관심이 많았던 엘리자베스는 기꺼이 동의했다. 이제 그들은 그 주에 여러 번 들로, 삼림 지역으로 소풍을 갔다. 그러면 오후에 그녀는 채소와 꽃으로 채워진 녹색의 식물 채집 상자를 집으로 가져왔고 몇 시간 후에는 라인하르트가 함께 발견한 것들을 나누기 위해 다시 왔다.

평소처럼 함께 나누기 위해 그가 어느 오후 시간에 방에 들어섰을 때 엘리자베스는 창가에 서 있었으며 그가 못 봤던 금색으로 된 새장에 신선한 별꽃 식물을 넣어주고 있었다. 그 새장 안에는 카나리아 한 마리가 앉아 있었다. 그 새는 날개를 퍼덕이며 엘리자베스의 손가락을 쪼아대고 있었다. 평소에는 그 자리에 라인하르트의 새가 있었던 곳이었다. 그는 유쾌한 말투로 물었다.

"나의 가엾은 홍방울새가 죽은 후에 황금빛 새로 변신했어?"

"홍방울새들은 그렇게 되지 않는다네."

안락의자에 앉아 물레로 실을 잣고 있던 그녀의 어머니가 말했다.

"자네 친구 에리히가 그 새를 오늘 오후에 엘리자베스를 위해 농장에서 선물로 보냈다네.”

“어떤 농장 말입니까?”

“자네 그것을 모르고 있나?”

“대체 무슨 말씀인지”

“에리히가 한 달 전부터 임멘 호숫가에 있는 아버지의 두 번째 농장을 떠맡게 된 거 말일세.”

“하지만 어머니께서 그 점에 대해 한 마디도 말씀하시지 않으셔서.”

“아! 자네도 자네 친구에 대해 아직 한 마디도 물어보지 않았잖아. 에리히는 아주 사랑스럽고 이해심이 많은 젊은이지.”

그녀의 어머니는 커피를 준비하기 위해 밖으로 나갔다. 엘리자베스는 라인하르트에게 등을 돌린 채 아직 새장 속의 작은 정자를 만드는데 몰두하고 있었다. 그녀가 말했다.

“잠시만 기다려. 곧 마칠게.”

라인하르트가 평소 습관과는 달리 대답을 하지 않자 그녀가 몸을 돌렸다. 그의 눈 속에는 그녀가 평소에는 결코 본 적이 없던, 당황스럽고 근심 어린 표정이 놓여 있었다. 그녀는 그에게로 가까이 걸어가면서 물었다.

“어디가 아파? 라인하르트.”

“내가?”

그는 멍하니 넋을 잃은 채 말하면 꿈을 꾸듯 그녀의 눈을 보고 있었다.

“너무 슬퍼 보여서.”

“엘리자베스, 난 저 노란 새를 보는 걸 참을 수가 없어.”

그녀는 놀라서 그를 응시했다. 그를 이해할 수 없어 하는 모습이었다.

"오빠, 오늘 이상해."

그는 그녀의 두 손을 잡았고 엘리자베스는 조용히 그대로 있었다. 곧 어머니가 다시 들어왔다.

커피를 마신 후 엘리자베스의 어머니는 물레로 가서 앉았다. 라인하르트와 엘리자베스는 식물을 분류하기 위해 옆방으로 갔다.

이제 꽃실의 숫자를 세고 잎과 꽃을 조심스럽게 펼친 후 종류에 따라 견본으로 두 개씩 말리기 위해 대형 서적의 장 사이에 끼워놓았다. 햇빛이 빛나는 고요한 오후였다. 옆방에서만 어머니가 물레를 돌리는 소리가 났으며, 라인하르트가 식물들의 순서와 종류를 말하거나, 엘리자베스의 서투른 라틴어 이름의 발음을 수정해 줄 때 그의 낮은 목소리가 이따금 들렸다.

"최근의 그 민들레가 없네."

수집한 것들을 정해서 분류하는 작업이 끝났을 때 그녀가 말했다.

라인하르트는 가방에서 흰색 양피지로 된 책을 꺼냈다.

"여기, 너를 위한 봄꽃이야."

반쯤 건조된 식물을 책에서 꺼내면서 그가 말했다.

엘리자베스는 글이 적힌 책장을 보자 물었다.

"다시 동화를 지었어?"

"이건 동화가 아니야."

그는 대답하면서 그 책을 그녀에게 건넸다.

그것들은 대부분 가장 긴 시가 한 페이지를 넘지 않는 시들이었다. 엘리자베스는 한 장씩 차례로 넘겼다. 그녀는 시의 제목만 읽는 것처럼 보였다. '그녀가 학교 선생님에게서 꾸지람 들을 때, 그들이 숲속에서 길을 잃었을 때, 부활절 동화, 그녀가 나에게 처음으로 편지를 썼을 때.' 거의 모든 시가 이런 식으로 적혀 있었다. 라인하르트는 탐색하듯이 그녀를 응시했다. 그녀가 계속해서 책장을 넘기는 동안 그는 그녀의 안색을 살폈다. 그녀의 맑은 얼굴 위에 갑자기 부드러운 홍조가 나타나면서 서서히 얼굴 전체로 퍼져나가는 것을. 그는 그녀의 눈을 보려고 했다. 하지만 엘리자베스는 얼굴을 들지 않았으며 마침내 말없이 그 책을 그의 앞에 내려놓았다. 그가 말했다.

"그 책을 그런 식으로 내게 돌려주지마!"

그녀는 양철로 된 상자에서 갈색의 어린 가지 하나를 꺼냈다.

"난 오빠가 제일 좋아하는 식물을 여기 책 안에 넣어 놓을게."

그녀가 말하며 그의 손에 책을 건넸다.

마침내 방학의 마지막 날이자 떠나야 하는 날 아침이 되었다. 엘리자베스는 어머니에게 요청하여 그를 우편 마차가 있는 곳까지 배웅할 수 있도록 허락받았다. 그녀의 집으로부터 몇 거리를 지나야 정거장이 있었다.

그들이 집 문 앞에 왔을 때, 라인하르트는 그녀에게 팔을 내밀었다. 그렇게 그는 말없이 가냘픈 그 소녀의 옆에서 걸었다. 그들이 목적지에 점점 다가가면 갈수록, 그렇게 오랜 시간의 이별을 하기 전에 그는 그녀에게 꼭 필요한 무슨 말을 전해야 한다는 마음이 간절했다. 그의 미래의 삶의 모든 가치와 기쁨을 좌우하는 그 무엇인가를 전해야 한다는 마음. 그렇지만 그는 그것을 해결해 줄 수 있는 표현을 찾을 수 없었다. 이 때문에 그는 두려웠고 그래서 점점 더 천천히 갔다. 그녀가 말했다.

"오빠가 너무 늦게 오고 있어. 성 마리아 교회에서 이미 열 시 종소리가 울렸어."

하지만 그는 그런 이유로 더 빨리 걷지는 않았다. 마침내 그는 머뭇거리면서 말했다.

"엘리자베스, 이제 2년 동안 우린 전혀 볼 수 없을 거야. 내가 다시 왔을 때, 지금과 똑같이 나를 좋아할 거지?"

그녀는 고개를 끄덕인 후 그의 얼굴을 다정하게 쳐다보았다. 그녀는 잠시 후 말했다.

"난 오빠를 지키기 위해 변호했어."

"나를 지키기 위해? 누구에 맞서 네가 그럴 필요가 있었는데?"

"어머니에 맞서서 그랬어. 오빠가 떠난 뒤에 어제 저녁에 어머니와 나는 오빠에 대해 오랫동안 얘기를 나누었어. 엄마 말은 이제 과거의 오빠만큼 더 이상은 그렇게 좋지는 않다고 그랬어."

라인하르트는 잠시 말이 없었다. 하지만 그는 그녀의 손을 자신의 손에 쥐었고 아이처럼 순수한 그녀의 눈을 진지하게 바라보면서 말했다.

"난 아직도 과거의 나와 똑같아. 넌 그 점을 굳게 믿으면 되는 거야! 너 그렇게 믿지, 엘리자베스?"

"그래."

그녀가 말했다. 그는 그녀의 손을 풀어 주고 함께 신속하게 마지막 거리를 지나갔다. 이별의 시간이 점점 다가올수록 이제 그의 얼굴에는 기쁨이 보였다. 그는 거의 그녀에게는 너무 빠르게 느껴질 정도로 걸었다. 그녀가 물었다.

"무슨 일이야, 라인하르트?"

"난 비밀이 있어, 아름다운 비밀이야!"

그는 그렇게 말하고 반짝거리는 눈빛으로 그녀를 주시했다.

"내가 2년 후에 다시 돌아왔을 때, 넌 그것을 알게 될거야."

그러는 동안 그들은 우편용 마차가 기다리고 있는 정거장에 도착했다. 아직 시간이 충분했다. 라인하르트는 다시 한번 그녀의 손을 잡았다.

"잘 지내! 잘 지내, 엘리자베스! 내가 한 말 잊지마!"

그녀는 머리를 힘껏 끄덕였다.

"잘 지내!"

라인하르트가 우편용 마차에 타자 말들이 움직였다. 마차가 거리 모퉁이를 돌았을 때, 그는 천천히 왔던 길을 되돌아가는 사랑스런 그녀의 모습을 다시 한번 바라보았다.

편지

그 후 거의 2년 뒤 라인하르트는 책과 서류 사이에 있는 자신의 집 전등 앞에서 대학 때 함께 공부했던 한 친구를 기다리며 앉아 있었다. 어떤 사람이 계단을 올라오고 있었다.

"들어오세요!"

"베르너 씨! 당신께 온 편지입니다."

하숙집 여주인이었다. 편지를 전해 주고 그녀는 다시 돌아갔다.

라인하르트는 고향을 방문한 이후 엘리자베스에게 편지를 쓰지 않았고 그녀로부터 편지를 받지도 못했다. 이 편지도 그녀에게서 온 것이 아니었다. 그의 어머니가 쓴 편지였다. 라인하르트는 편지를 개봉해 읽었다. 곧 그는 다음과 같은 내용을 읽게 되었다.

사랑하는 나의 아들아,

너의 나이 때는 거의 해마다 그때그때 변화가 많단다. 왜냐하면, 젊음은 스스로를 더 풍요롭게 만들 수 있기 때문이지. 여기도 역시 많은 것이 달라졌단다. 내가 평소의 너를 제대로 알고 있다면 이 소식은 아마도 너에게 마음 아플 것 같구나. 에리히가 지난 석 달 동안 두 번이나 청혼하고 실패하더니 마침내 어제 엘리자베스로부터 승낙을 받았다는구나. 엘리자베스는 항상 그런 문제를 자기 스스로 결정할 수는 없었지. 하지만 이제 그녀는 마침내 그렇게 결정한 것 같구나. 사실 그 아이도 그렇게 어린 나이는 결코 아니잖니. 곧 결혼식이 있을 예정이란다. 그리고 그녀의 어머니도 그들과 함께 떠날 거라는구나.

임멘 호수

다시 몇 년의 세월이 지나갔다. 어느 따뜻한 봄날 오후에 갈색으로 그을린 건장한 한 젊은이가 그늘이 드리워진 숲길 아래로 내려가고 있었다. 진지한 회색빛 눈으로 긴장하면서 먼 곳을 바라보았다. 그때 그는 똑같은 형태의 길의 변화를 기대하고 있는 듯했다. 마침내 한 대의 짐수레가 아래쪽에서 천천히 올라왔다. 그 나그네는 옆을 지나가는 농부에게 소리쳤다.

"안녕하세요! 여기서 오른쪽이 임멘 호수로 향합니까?"

"계속 똑바로 가야 합니다."

농부가 대답하면서 자신의 둥근 모자를 약간 밀어 올렸다.

"그곳까지 가려면 아직 멉니까?"

"당신은 이미 거의 다 왔습니다. 담배 반도 안 피울 시간에 그 호수가 있습니다. 귀족의 저택이 호수 옆에 자리 잡고 있습니다."

농부의 수레가 그의 옆을 지나갔다. 그는 나무들 아래를 따라서 빠른 걸음으로 갔다. 15분쯤 후에 갑자기 그의 왼편으로 그늘이 사라졌다. 길은 산 중턱을 향해 나 있었고 그 산 중턱에는 백 살쯤 되는 떡갈나무 꼭대기가 솟아있었지만 거의 잘 보이지 않았다. 나무 꼭대기 너머로 햇빛이 비치는 넓은 풍경이 펼쳐져 있었다. 저 아래 깊숙이 그 호수가 있었다. 그 호수는 고요하고 짙푸른 색이었으며 햇빛이 비치는 녹색의 숲으로 거의 둥근 모양으로 둘러싸여 있었다. 한 곳에만 숲 사이에 틈이 있어서 먼 곳을 볼 수 있게 해 주었지만, 이 광경도 푸른 산으로 막혀 있었다. 비스듬한 맞은 편에, 녹색 숲의 중간에 마치 눈이 온 것 같은 풍경이 펼쳐져 있었다. 그것은 한창 번성하고 있는 과일나무들이었는데 그곳에 있는 물가에 붉은색 지붕으로 된 하얀 저택이 솟아있었다. 한 마리의 황새가 굴뚝에서 날아올랐고 서서히 원을 그리며 물 위를 날았다.

"임멘 호수!"

그 나그네가 외쳤다. 그는 이제 여행 목적지에 거의 도달한 것 같았다. 그는 미동도 하지 않고 서서 나무 꼭대기 너머 다른 물가를 보고 있었다. 그곳에는 수면에 비친 저택의 모습이 물 위에서 조용히 흔들거리고 있었다. 이후 그는 갑자기 길을 계속 갔다.

산 아래로 이제는 거의 가파른 길이어서 아래쪽에 자리한 나무들이 다시 그늘을 만들었다. 하지만 이와 동시에 그 나무들이 호수 위 전망을 막고 있었으며 호수는 이따금 나뭇가지 틈 사이로 물결을 반짝거릴 뿐이었다. 곧 길은 다시 부드럽게 위로 나 있었고 이제는 좌우의 삼림지역이 사라졌다. 그 대신 잎이 무성한 포도밭 언덕이 길을 따라 뻗어 있었다. 포도밭 양쪽에는 윙윙거리는 많은 벌이 모여 있는, 한창 번성하는 과일나무들이 서 있었다. 갈색 상의를 걸친 한 건장한 남자가 나그네를 향해 왔다. 그가 나그네에게 거의 다가왔을 때, 모자를 흔들며 밝은 목소리로 불렀다.

“잘 왔네, 라인하르트! 임멘 호수 농장에 온 걸 환영하네!”

“반갑네, 에리히! 환영해줘서 고맙네.”

나그네도 그를 향해 소리쳤다. 그리고 난 후 그들은 서로에게로 가서 손을 내밀었다. 에리히가 옛 학교 친구의 진지한 얼굴을 가까이서 보았을 때 말했다.

“그런데 대체 자네가 맞나?”

“물론 내가 맞아. 에리히. 자네도 자네가 맞네. 자네는 평소에 그랬던 것보다 훨씬 더 유쾌해 보이는군.”

이 말을 들은 에리히의 만족스런 미소는 그의 단순한 표정을 훨씬 더 유쾌한 모습으로 변화시켰다. 에리히는 한 번 더 손을 내밀면서 말했다.

“그래, 라인하르트. 자네도 그걸 알고 있겠지만, 그 이후로 나에게 큰 행운이 따랐다네.”

그리고나서 그는 손을 비볐고 기분좋게 소리쳤다.

“아마 깜짝 놀랄 수도 있을 거야! 그녀는 자네가 오리라고는 아마 영원히 기대하지 못했을 거야!”

“깜짝 놀랄 거라니 대체 누가?” 라인하르트가 물었다.

“엘리자베스 말이네.”

“엘리자베스? 자네 그녀에게 내가 방문한다는 것을 말하지 않았단 말인가?”

“전혀 말을 안 했네, 라인하르트. 그녀는 자네라고 생각하지 않고 있지. 장모님도 마찬가지고. 내가 아주 몰래 자네에게 편지를 보낸 거라네. 깜짝 놀라는 기쁨을 더 배가시키려고 말이야. 자네 알잖아, 난 항상 이렇게 나만의 조용한 작은 계획을 하곤 했잖아.”

라인하르트는 곰곰이 생각에 빠져들었다. 그들이 농장에 가까워질

수록 그는 호흡이 힘들어지는 것 같았다. 길 왼쪽에 이어지던 포도밭도 이제 없어졌고 부엌이 있는 넓은 정원이 펼쳐졌으며 그 정원은 호수 물가까지 이어져 있었다. 그러는 사이 황새가 날아와 앉았고 채소밭 사이를 위엄있게 거닐고 있었다. 에리히가 손바닥을 마주치며 소리쳤다.

"워워! 다리가 긴 저 이집트인이 또 내 작은 완두콩들을 훔쳐 먹고 있군!"

그 새는 서서히 몸을 일으키고는 새 건물의 지붕 위로 날아갔다. 그 건물은 부엌이 있는 정원의 끝에 위치해 있었는데, 건물의 벽은 복숭아나무와 살구나무 가지들로 뒤덮여 있었다. 에리히가 말했다.

"저곳은 소주를 만드는 공장이야. 저 공장을 2년 전에야 지었네. 돌아가신 아버지가 농장건물을 새로 증축하게 하셨다네. 주택은 이미 나의 할아버지 때 지어졌고. 그런 식으로 항상 조금씩 계속되는 거지."

이 말을 할 때 그들은 널찍한 장소에 도착했다. 그곳의 옆쪽은 시골풍의 농장건물로, 뒤쪽은 저택이 경계를 이루고 있었다. 저택의 측면부는 정원의 높은 벽과 접해 있었다. 이 벽의 뒤에는 어두운 주목(朱木)나무로 된 담이 있었는데 때때로 라일락 나무들에서 뻗어 나가고 있는 가지들이 뜰 안으로 드리워져 있었다. 에리히가 이 사람 저 사람에게 지시하거나 그들이 해야 할 일과에 대해 소리높여 질문하는 동안 햇빛과 노동 때문에 빨갛게 된 얼굴의 남자들이 그곳을 지나가거나 동료들에게 인사했다.

이윽고 그들은 집에 도착했다. 시원하면서 높은 현관이 그들을 맞이했다. 그들은 현관의 끝에서 왼쪽으로 약간 어두운 옆 복도로 방향을 틀었다. 이곳에서 에리히가 문을 열었고 그들은 정원으로 향하는 넓은 대청마루로 된 거실에 들어섰다. 건너편 창문을 뒤덮고 있는 나뭇잎들 때문에 양쪽이 모두 녹색의 어스름으로 가득 차 있었다. 하지만 그 거실에는 활짝 열려 있는 두 개의 높은 문을 통해 봄 햇빛의 풍성한 광채가 안으로 들어오고 있었고, 꼼꼼하게 정리된 화단이 있는 정원과 높고 가파른 넝쿨 벽이 보였다. 정원은 일직선 모양의 넓은 길로 분리되어 있었으며 그 길을 통해 호수와 멀리 맞은 편에 있는 숲까지 보였다. 두 친구가 안으로 들어섰을 때 틈새 바람이 그들에게 풍성한 향기를 실어왔다.

정원의 문 앞 테라스에 하얀 옷을 입은, 소녀처럼 보이는 여성이 앉아 있었다. 그녀는 일어서서 들어오는 사람들을 향해 갔다. 하지만 가는 도중에 그녀는 마치 그 자리에 뿌리내린 것처럼 선 채 놀라서 그 나그네를 미동도 하지 않고서 응시했다. 그가 미소 지으면서 그녀를 향해 손을 내밀었다. 그녀가 소리쳤다.

"라인하르트! 오, 하느님, 당신이군요! 우린 오랫동안 보지 못했잖아요."

"그래, 오랫동안 보지 못했지."

그가 말했지만 아무 말도 계속할 수 없었다. 왜냐하면, 그녀의 목소리를 들었을 때 심장 속에서 섬세한 고통을 느꼈기 때문이다. 그가 그녀를 쳐다보았을 때, 수년 전에 고향에서 작별 인사를 했을 때 연약한 모습의 그녀가 그의 앞에 서 있었다.

에리히는 기쁨에 찬 표정과 함께 문 옆에서 뒤에 머물러 있었다. 그가 말했다.

"엘리자베스, 지금 어때? 당신은 그가 올리라는 걸 전혀 예상하지 못했을 거야!"

엘리자베스는 친밀한 눈길로 그를 보았다. 그녀는 말했다.

"당신은 너무 착해요, 에리히!"

에리히는 그녀의 가냘픈 손을 사랑스럽게 감싸며 말했다.

"그리고 이제 우리가 그를 소유합시다. 이제 그가 그렇게 빨리 다시 떠나게 내버려 두지 맙시다. 그는 너무 오랫동안 외지에 나가 있었어. 그를 다시 고향 토박이처럼 만듭시다. 지금 봐, 그가 얼마나 낯설면서 고상하게 보이는지를 보라구."

엘리자베스의 수줍은 눈길이 라인하르트의 외모를 스쳐 지나갔다. 라인하르트는 말했다.

"그건 아마도 우리와 함께 있지 않았던 시간 때문일거야."

이 순간 그녀의 어머니가 작은 열쇠 바구니를 팔에 걸치고 문 안으로 들어섰다. 어머니는 라인하르트를 보자 말했다.

"베르너 씨! 예상치 못했던 손님이라 더 반갑네."

그리고는 질문과 답변을 나누는 담소가 계속 이어졌다. 여자들은 자신들의 일을 하기 위해 앉았다. 라인하르트가 자신을 위해 준비한 음식을 먹고 음료를 마시는 동안 에리히는 해포석으로 된 견고한 파이프에 불을 붙여 연기를 뿜으며 그의 옆에 앉아 담소를 나누었다.

다음날 라인하르트는 에리히와 함께 외출해야만 했다. 포도원, 홉 재배지 등 경작하는 밭과 소주 공장으로 갔다. 그 모든 것이 잘 되어 있었다. 밭에서, 양조장에서 일하는 사람들 모두가 건강하고 만족해하는 얼굴이었다. 점심시간에는 가족 같은 모든 일꾼이 정원의 넓은 홀에 함께 모였다. 그들은 주인의 배려로 일이 많지 않은 한가한 때는 많든 적든 함께 시간을 보내는 날이 있다고 한다. 라인하르트는 오전에 몇 시간처럼, 저녁 식사 전에 몇 시간 동안 그의 방 안에서 일을 하며 보냈다. 그는 수년 전부터 민중들 속에 여전히 살아있는 옛 시와 노래를 수집하는 작업에 전념하고 있었다. 이제는 수집한 보물을 분류하고 주변 지방에서 전해져 오는 새로운 기록들을 첨부해서 증대하는 일을 하고 있다.

엘리자베스는 항상 부드럽고 친절했다. 에리히의 변함없는 관심을 겸손한 마음으로 고맙게 받아들였다. 그리고 라인하르트는 예전의 쾌활했던 소녀가 조용한 부인이 되리라고는 거의 예상하지 못했다는 생각을 가끔 하곤 했다.

라인하르트는 이곳에 체류한 이튿날부터 저녁때마다 호숫가를 산책하고 있었다. 산책길은 정원 아래쪽으로 가파르게 이어져 있었다. 정원의 끝자락에 키 큰 자작나무 아래에 벤치가 하나 있었다. 엘리자베스의 어머니는 그 의자를 일몰 벤치라고 명명했다고 한다. 석양이 질 때, 사람들이 이 저녁 시간에 그곳을 가장 많이 애용하기 때문이었다.

어느 날 저녁 라인하르트가 산책하고 난 후 이 길로 돌아오는 중에 갑자기 비가 내렸다. 그는 물가에 있는 보리수 아래에서 비를 피하려 했다. 하지만 곧 많은 빗물이 나뭇잎 사이로 떨어졌다. 벌써 비에 흠뻑 젖었기 때문에 그는 서서히 계속해서 걸어서 되돌아갔다. 이제 거의 어두워졌고 비는 점점 더 세차게 내렸다. 그가 그 일목 벤치에 가까이 다가갔을 때, 희미하게 반짝이는 자작나무 줄기 사이로 하얀 옷을 입은 여성의 형체를 보았다고 생각했다. 그녀는 미동도 하지 않은 채 서 있었고, 그가 좀 더 가까이 다가간 것을 그녀가 알아차렸다고 생각했을 때, 그에게로 몸을 돌리는 것 같았다. 그는 엘리자베스라고 믿었다. 하지만 그가 그녀에게 다다르기 위해 그리고 그녀와 함께 정원을 지나 집으로 되돌아가기 위해 걸음을 더 빨리 재촉하자, 그녀는 천천히 몸을 돌려 어두운 옆길로 사라졌다. 그는 그녀와 발걸음을 맞출 수가 없었다. 엘리자베스에 대해 약간 화가 나기도 했었다. 그리고 그 여성이 엘리자베스였는지 확실히 알 수도 없었다. 하지만 그는 그녀에게 그것에 관해 물어보는 것도 꺼려졌다. 그래, 혹시라도 엘리자베스가 정원 문을 통해 들어오는 것을 보지 않기 위해서라도 그는 돌아가는 길에 정원의 넓은 마루로 들어가지 않았다.

내 어머니가 그걸 원했어요

며칠 후 저녁이 되었을 때 가족들은 평소처럼 그 시간에 정원의 넓은 마루에 함께 앉아 있었다. 문들은 모두 열려 있었고 해는 벌써 숲 뒤편의 호수 건너편에 있었다.

라인하르트는 오후에 시골에 거주하는 한 친구로부터 우편으로 받았던 민요 몇 편을 보여달라는 청을 받았다. 그는 자신의 방으로 가서 곧이어 두루마리 종이를 가지고 돌아왔는데 그 두루마리는 깨끗하게 적힌 각각의 장들로 이루어져 있었다.

사람들이 탁자에 모여 앉았으며 엘리자베스가 라인하르트 옆에 앉았다. 그가 말했다.

"좋든 싫든 운에 맡기고 우리 읽어 볼까요? 사실 나 자신도 아직 들여다보지 못했거든."

엘리자베스가 원고를 펼쳤다.

"여기 악보도 있네, 라인하르트! 당신이 이걸 불러야만 해요."

라인하르트는 맨 처음으로 티롤 지방의 슈나더휩펠(역주: Schnaderhüpferl, 구애하는 내용을 담은 즉흥 알프스 요들송 민요)을 읽으면서 이따금 반쯤 낮춘 목소리로 유쾌한 멜로디를 들려주었다. 전반적으로 명랑한 분위기가 그 작은 모임에 흘러넘쳤다.

"그런데 대체 누가 그 아름다운 노래를 만들었죠?"

엘리자베스가 물었다.

"그야, 재단사나 미용사, 이런 유쾌한 부류의 사람들에게서 그런 노래를 들을 수 있지."

에리히가 말했다. 그러자 라인하르트가 이렇게 말했다.

"누군가가 이 노래들을 작곡한 것은 전혀 아냐. 점점 자라는 거지. 공중에 떠 있는 거미줄처럼 땅 위에서 이쪽에서 저쪽으로 떠돌아다니다가 수많은 지역에서 동시에 노래로 불리는 것이지. 우리들의 행동하는 삶과 고뇌를 이 노래들 속에서 발견할 수 있지. 마치 우리 모두가 이 노래들에 함께 참여해서 도운 것 같기도 해."

그가 다른 장을 집었다.

"난 높은 산 위에 서 있었네..."

"나도 그 노래를 알아요!"

엘리자베스가 소리쳤다.

"시작하기만 하세요, 라인하르트, 내가 당신을 도와 줄게요."

이제 그들은 너무나 불가사의해서 사람이 작곡한 것이라고 도저히 믿기 어려운 그 멜로디를 노래했다. 엘리자베스는 약간 저음의 알토로 테너의 음을 보조했다.

그녀의 어머니는 그러는 동안에 부지런히 바느질하며 앉아 있었다. 에리히는 손을 깍지 낀 채 귀를 기울이고 있었다. 노래가 끝났을 때, 라인하르트는 조용히 종이를 옆으로 밀어놓았다.

호수의 물가로부터 저녁의 고요함을 뚫고 가축 떼의 방울 소리가 들려왔다. 그들은 자신들도 모르게 그 소리에 귀 기울였다. 그때 그들은 한 소년의 맑은 노랫소리를 들었다.

난 높은 산 위에 서 있었네.
그리고 깊은 골짜기를 보았지.

라인하르트가 미소를 지었다.

“이 노래 들려요? 이런 식으로 입에서 입으로 퍼져나가는 거지요.”

엘리자베스가 말했다.

“이 노래는 이 지역 사람들이 종종 불렀던 노래예요.”

에리히도 말했다. “그래, 그것은 목동이야. 목동이 가축 무리를 집으로 몰아가는 거라네.”

그들은 위쪽에 있는 축사 뒤편으로 방울 소리가 들리지 않을 때까지 한동안 귀 기울여 들었다. 라인하르트가 말했다.

“저것은 원초적인 음이야. 그 음들은 숲속 깊은 곳에 잠들어 있지. 누가 그 음들을 발견했는지는 신만이 알 거야!”

라인하르트는 새로 읽을 종이를 꺼냈다.

날은 이미 어두워졌다. 빨간 석양이 호수 저편 숲 위에 마치 거품처럼 퍼져 있었다. 라인하르트가 두루마리 종이를 펼치고 엘리자베스가 한 페이지에 손을 놓고서 함께 들여다보았다. 그리고나서 라인하르트가 읽기 시작했다.

내 어머니가 그것을 원하셨다네,
다른 남자를 받아들여야 한다고.
내가 이미 마음에 간직했던 것,
내 마음이 그것을 잊어야 한다고.
내 마음은 그것을 원치 않았다네.

내 어머니에게 하소연했네,
어머니가 잘못하셨다고.
예전에 명예였던 것이,

이제는 죄가 되었으니
나는 무엇을 해야 하나!

내 모든 긍지와 기쁨 대신
난 고통을 얻었다네.
아, 그런 일이 일어나지 않아야 했는데,
아, 내가 구걸하러 다닐 수 있었는데
갈색 들판을 지나!

이렇게 읽는 동안에 라인하르트는 눈에 띄지 않을 정도로 미세하게 종이가 떨리는 것을 느꼈다. 그가 낭독을 끝냈을 때, 엘리자베스가 조용히 의자를 밀어내고 말없이 정원으로 내려갔다. 어머니의 시선이 그녀의 뒤를 따랐다. 에리히가 뒤따라가려 했지만, 어머니가 말했다.

"엘리자베스는 밖에서 할 일이 있다네."

바깥에선 저녁의 어둠이 정원과 호수 위로 점점 더 짙게 깔리고 있었다. 밤나방들이 붕붕거리며 열린 문 주변을 맴돌았고, 문을 통해 꽃향기가 더욱더 강하게 밀려 들어왔다. 물 위로 개구리 울어대는 소리가 들려왔고, 창문 아래쪽에서 밤꾀꼬리 한 마리가 소리를 내었고 또 다른 한 마리는 정원 깊숙한 곳에서 소리 내고 있었다. 달이 나무 위에 보였다.

라인하르트는 엘리자베스의 가냘픈 형체가 나무 그늘 길 사이에서 사라진 곳을 한동안 바라보고 있었다. 그런 다음 두루마리 종이로 된 자신의 원고를 접고, 함께 있었던 사람들에게 인사를 한 후, 집을 통과해 물가로 내려갔다.

숲은 말없이 침묵하고 있었으며 멀리 호수 위까지 그 그림자를 드리우고 있었다. 호수의 중간에는 색정적인 달빛이 비치고 있었다. 이따금 나무들 사이로 조용하게 바스락거리는 소리가 들렸다. 하지만 그것은 바람이 아니었다. 여름밤의 숨소리였다.

라인하르트는 물가를 따라서 계속 걸어갔다. 그는 땅에서 돌을 던지면 닿을 만한 가까운 곳에 수련 한 송이가 있는 것을 보았다. 그는 갑자기 수련을 가까이에서 보고 싶은 충동을 느꼈다. 그래서 옷을 벗고는 물속으로 들어갔다. 물은 얕았으며 호수 바닥의 날카로운 수중식물과 돌 때문에 그는 발바닥을 베였다. 그런데 여전히 헤엄칠 수 있을 만한 깊이에 다다르지 못했다. 이후에 갑자기 그의 밑에 있던 바닥이 사라지고 소용돌이가 일면서 물이 그의 위로 덮쳤다.

그가 다시 수면 위에 도달하기까지는 한동안 시간이 걸렸다. 이제 그는 손과 발을 움직였고 원을 그리며 헤엄쳤으며 자신이 어느 지점에서 빠지게 되었는지를 알아차리게 되었다. 곧 그는 수련도 다시 보았다. 그 꽃은 반짝거리는 큰 잎들 사이에 외롭게 떠 있었다. 그는 천천히 헤엄을 치며 나아갔으며 간혹 물 밖으로 팔을 내밀면 떨어지는 물방울이 달빛을 받아 빛났다. 하지만 그와 꽃 간의 거리는 변함없이 그대로인 것처럼 보였다. 그가 주위를 돌아보면, 물가는 알 수 없는 향기 속에서 그의 뒤편에 멀리 떨어져 있었다. 그는 이 시도를 포기하지 않고 수련을 향해 똑같은 방향으로 계속 헤엄쳐 나아갔다. 결국에는 달빛 속에 드러난 은색 꽃잎을 분명하게 확인할 수 있을 정도로 가까이 다가갔다. 이와 동시에 그는 마치 그물에 걸려 얽힌 것 같은 느낌을 받았다. 미끄러운 줄기가 바닥에서 위로 뻗어 나와 그를 잡았다. 수중식물에 다리가 걸린 것이다. 깊이를 알 수 없는 물은 검은빛으로 그를 에워쌌고, 자신의 뒤에서 물고기들이 수면 위로 뛰어오르는 소리를 들었다. 갑자기 그에게는 이런 낯선 요소들이 너무나 공포로 다가왔기 때문에 그는 얽혀 있는 물풀을 힘껏 잡아서 찢은 후 숨 쉴 여유도 없이 육지로 급하게 헤엄쳐 나왔다. 육지에서 호수를 되돌아보자, 수련은 그 전처럼 멀리 검은 수면 위에 외롭게 떠 있었다.

그는 옷을 입고 천천히 집으로 되돌아갔다. 그가 정원에서 넓은 마루로 들어섰을 때, 에리히와 어머니가 다음 날 있을 여행을 준비 중이었다.

"자네는 밤에 이렇게 늦은 시간에 대체 어디에 있었는가?"

그녀의 어머니가 그를 향해 불렀다.

"저 말입니까? 수련꽃을 보려고 했는데, 그게 아무 성과가 없었습니다."

"또 이해하기 힘든 말을 하는군! 도대체 자네가 수련 꽃과 무슨 관계가 있는가?"

에리히가 말했다.

"과거에 한때 내가 그 수련꽃을 알았던 적이 있지. 그렇지만 이미 오래 전 일이네."

라인하르트가 말했다.

엘리자베스

다음날 오후 라인하르트와 엘리자베스는 호수 건너편을 산책했다. 그들은 숲을 지나기도 하고, 높게 솟아있는 물가의 언덕을 넘으며 걸었다. 에리히가 엘리자베스에게 자신과 어머니가 여행을 간 동안 라인하르트에게 가장 가까운 지역의 매우 아름다운 경치, 특히 호수 반대쪽의 농장까지 구경시켜 주라고 부탁했기 때문이다. 이제 두 사람은 이곳저곳을 거닐며 산책했다. 마침내 피곤해진 엘리자베스가 축 처진 나뭇가지 그늘에 앉았고, 라인하르트는 그녀의 맞은편 나무 기둥에 기대어 서 있었다. 이때 그는 숲속 깊은 곳에서 뻐꾸기가 우는 소리를 들었다. 그러자 그에게는 갑자기 이 모든 것이 과거에 있었던 일과 똑같은 것처럼 여겨졌다. 그는 미소를 지으며 그녀를 응시했다.

"우리 딸기를 찾으러 갈까?"

"지금은 딸기 철이 아닌 것 같아요." 그녀가 말했다.

"그렇지만 곧 딸기 철이 될거야."

엘리자베스가 말없이 고개를 저었다. 그리고 난 뒤 그녀가 일어섰고, 두 사람은 다시 숲속을 계속 산책했다. 옆에서 그녀가 걸을 때 그의 시선은 계속 그녀에게로 향했다. 그녀의 걷는 모습은 너무 아름다웠으며 마치 옷이 가냘픈 그녀를 나르는 것처럼 보였다. 그는 그녀의 걷는 모습을 모두 눈 속에 담으려는 듯 무의식적으로 한 발자국씩 뒤로 가곤 했다. 그들은 멀리까지 보이는 전망이 있고, 침엽수림이 무성하게 우거진 장소에 이르렀다. 라인하르트가 등을 굽혀 바닥에서 풀 몇 포기를 꺾었다. 그가 다시 얼굴을 들었을 때, 고뇌하는 표정이 얼굴에 담겨 있었다.

"너, 이 꽃을 알겠니?"

그가 말했다. 그녀는 의아한 눈길로 그를 바라보았다.

"에리카네요. 난 종종 숲에서 그 꽃을 따곤 했었죠..."

"난 집에 오래된 책을 한 권 갖고 있어. 평소에 난 온갖 종류의 노래와 시구를 그 책에 기록해 두곤 했었지만 이젠 오랫동안 정리하지 않았어. 그 책의 장들 사이에 에리카 꽃이 들어 있어. 물론 지금은 말라 버렸지. 누가 내게 준 것인지 너 아니?"

그녀는 말없이 고개를 끄덕인 후 눈을 지그시 아래로 향했으며 그가 손에 쥐고 있는 들풀을 바라보고 있었다. 그들은 조용히 오랫동안 서 있었다. 이윽고 그녀가 그를 쳐다보았을 때, 그는 눈물이 글썽이는 그녀의 눈을 보았다.

"엘리자베스, 저 푸른 산 뒤쪽에 우리의 젊은 시절이 있는 것 같아. 그 청춘은 어디로 사라진 걸까?"

그들은 더 이상 아무 말을 하지 않았다. 말없이 서로 붙어서 호수를 향해 걸어 내려갔다. 공기는 후텁지근했고, 서쪽에서 검은 구름이 다가오고 있었다.

"천둥, 번개가 칠 것 같네요."

엘리자베스는 발걸음을 빨리하면서 말했다. 라인하르트는 조용히 고개를 끄덕였고, 두 사람은 급하게 호숫가를 따라 걸었으며 마침내 작은 나룻배가 있는 곳에 다다를 수 있었다.

호수를 건너는 동안 엘리자베스는 손을 그 배의 끝자락에 얹고 있었다. 그는 노를 저으면서도 그녀를 향한 시선을 떼지 못했다. 하지만 그녀는 그의 옆을 지나 멀리 떨어진 곳을 바라보고 있었다. 그렇게 그의 시선은 아래로 미끄러져 그녀의 손에 머물렀다. 창백한 그 손은 그녀가 비밀로 했던 무언가를 그에게 드러내고 있는 것 같았다. 밤마다 아픈 가슴 위에 올려놓은 아름다운 손에서 드러나는 고뇌의 흔적을 그는 느낄 수 있었다. 엘리자베스는 그의 시선이 자신의 손에 놓여 있는 것을 알아차리자 천천히 갑판을 지나 물속으로 손을 집어넣었다.

농장에 도착했을 때, 그들은 저택 앞에서 가위, 칼 등을 가는 수레와 마주쳤다. 검은 곱슬머리를 늘어뜨린 한 남자가 부지런히 바퀴를

밟으며 집시 멜로디를 입 밖으로 흥얼거리고 있었다. 수레 옆에는 줄에 묶인 개 한 마리가 가쁜 숨을 몰아쉬며 엎드려 있었다. 집 현관에는 넝마를 걸친 예쁘장한 소녀가 구걸하면서 엘리자베스를 향해 손을 내밀었다.

라인하르트는 호주머니에 손을 넣었다. 그러나 엘리자베스가 그보다 먼저 지갑에 든 모든 것을 흔들어 꺼내어 소녀의 손에 건네주었다. 그 후 라인하르트는 그녀가 급하게 몸을 돌려 훌쩍거리면서 계단을 올라가는 소리를 들었다.

그는 그녀를 제지하려 하다가 중단하고 정신을 가다듬으며 계단에 멈춰 섰다. 그 소녀는 아직도 이동하지 않은 채, 동냥 받은 것을 손에 쥐고 현관 앞에 서 있었다.

“너 아직 무엇을 원하니?”

라인하르트가 물었다.

“더 이상 아무것도 원하지 않습니다.”

소녀가 몸을 움찔하며 말했다. 그리고는 머리를 돌려 그를 되돌아보았고 혼란스러운 눈빛으로 그를 바라보면서 천천히 문을 향해 걸어갔다. 그가 어떤 이름을 외쳤다. 그렇지만 소녀에게는 들리지 않는 것 같았다. 몸을 숙이고 가슴에 팔짱을 낀 채 마당을 걸어 내려갔다.

죽음, 아, 죽음은
나 혼자 죽어야 하리!

오래전에 들었던 노래가 그의 귓가에 맴돌았다. 아주 잠깐 숨이 멎는 것 같았다. 그는 몸을 돌려 방으로 올라갔다. 일을 하려고 자리에 앉았지만 어떠한 생각도 떠오르지 않았다. 그는 한 시간 가까이 헛된 시도를 하다가 거실로 내려갔다. 그곳에는 아무도 없었다. 단지 서늘하고 푸른 어스름만이 남아 있었다. 엘리자베스의 재봉틀 위에는 그녀가 오후에 목에 둘렀던 붉은 스카프가 놓여 있었다. 그것을 손에 쥐자 고통이 밀려들어 다시 내려놓았다. 어떻게 해도 마음의 안정을 찾지 못했다. 그는 호수로 내려가 그 작은 나룻배를 풀었다. 건너편으로 노를 저어가 조금 전에 엘리자베스와 함께 산책했던 모든 길을 다시 한번 더 걸었다. 집으로 돌아갔을 때는 어두워져 있었다. 말에게 먹이를 주러 풀이 있는 곳으로 끌고 가려고 마부와 마당에서 만났다. 여행을 갔던 이들이 방금 돌아온 것이다.

집 현관에 들어서자 에리히가 정원의 마루에서 아래위로 거니는 소리가 들렸다. 그러나 그는 그곳으로 가지는 않았다. 잠시 조용히 서 있다가 그의 방으로 가는 계단을 올라갔다. 그는 창가에 놓인 안락의자에 앉았다. 마치 나무 아래에서 날개를 퍼득이는 밤꾀꼬리 소리를 들으려는 것 같았다. 하지만 그는 자신의 심장이 뛰는 소리만 들었을 뿐이다. 집 아래층에서는 모두가 잠자러 간 듯 고요했다. 밤이 흘러가고 있었다. 하지만 그는 그것을 느끼지 못했다. 그렇게 몇 시간을 앉아 있었다. 이윽고 일어서서 열려 있는 창가로 가서 몸을 기대었다. 밤이슬이 나뭇잎 사이로 한 방울씩 떨어지고 있었다. 밤꾀꼬리도 우는 소리를 멈추었다. 희미하고 노란 어스름 때문에 동쪽으로부터 밤하늘의 짙은 파란색이 점차 밀려나고 있었다. 시원한 바람이 불어와 라인하르트의 뜨거운 이마를 스쳤다. 새벽 일찍 일어난 종달새가 환호하듯 소리를 내지르며 하늘로 날아올랐다.

라인하르트는 갑자기 몸을 돌리고 책상 쪽으로 걸어갔다. 손을 더듬어 연필을 찾았고, 연필을 찾자 자리에 앉아 흰 종이 위에 몇 줄 적어 내려갔다. 그 일을 마치자 모자와 지팡이를 집어 들었다. 종이를 그대로 남겨두고, 조심스럽게 문을 열고 현관으로 내려갔다.

아침 여명이 모든 사물의 구석구석에 머물러 있었다. 큰 집고양이가 짚방석 위에서 몸을 쭉 펼치다가 그가 아무 생각 없이 손을 내밀자 그를 향해 털을 곤두세웠다. 바깥 정원에서는 이미 나뭇가지 위의 참새가 밤이 지나갔음을 알렸다. 그때 위층에서 문이 열리는 소리가 났고 곧이어 누군가가 급하게 계단을 내려오는 소리가 들렸다. 그가 머리를 돌렸을 때 엘리자베스가 그의 앞에 서 있었다. 그녀는 그의 팔에 손을 올리고 무슨 말을 하는 듯 입술을 움직였다. 하지만 그는 아무 말도 알아들을 수 없었다.

"다시 오지 않을 거죠?"

이윽고 그녀가 말했다.

"난 알아요. 거짓말하려 하지 마세요. 당신 결코 다시는 오지 않을 거라는 거 알고 있어요."

"그래, 맞아, 안 올 거야, 결코!"

그가 말했다. 그녀는 힘없이 손을 늘어뜨렸고 아무 말도 하지 않았다. 그는 복도를 지나 문을 향해 걸어갔다. 그리고는 다시 한번 더 몸을 돌렸다. 그녀가 미동도 하지 않은 채, 같은 자리에 서서 죽은 듯한 눈으로 그를 바라보고 있었다. 그는 한 걸음 앞으로 내딛고, 그녀를 향해 양팔을 올렸다가 그대로 몸을 돌려 밖으로 나갔다.

밖에는 시원한 아침 햇살 속에 세상이 펼쳐져 있었다. 거미줄에 걸린 이슬이 햇살에 빛나고 있었다. 그는 이제 뒤를 돌아보지 않았다. 쏜살같이 밖으로 걸어 나갔다. 그의 뒤로 고요한 농장이 점점 더 가라앉고 있었으며, 그의 앞에는 크고 넓은 세계가 솟아오르고 있었다.

노인

달빛은 이제 창문으로 비쳐들어 오지 않았다. 날은 어두워져 있었다. 그렇지만 노인은 여전히 손을 깍지 낀 채 안락의자에 앉아 그 방의 공간을 응시하고 있었다. 그의 주변의 어두운 여명은 자신의 눈앞에서 점점 넓고 어두운 호수로 이동하고 있었다. 검은 강물이 출렁이며 점점 더 깊이, 더 멀리 펼쳐지고 있었고 마침내 너무 멀어서 노인의 눈이 거의 도달할 수 없는 거리에 넓은 잎사귀 사이로 흰 수련 한 송이가 외롭게 떠다니고 있었다.

방문이 열리고 밝은 빛줄기가 방 안으로 들어왔다.

"브리기테, 당신이 온 게 너무 잘 되었네. 책상 위에 등불을 올려 주게."

노인이 말했다. 그런 다음 그는 의자를 책상 쪽으로 밀며 그곳에 펼쳐져 있던 책 중의 한 권을 들었다. 그리고 한때 젊은 시절의 혈기를 쏟았던 학문 속으로 깊이 빠져들기 시작했다.

테오도르 슈토름의 노벨레 <임멘 호수>에 나타나는 음악적 요소

1. 들어가는 말

독일 시적 사실주의[1]의 대표 작가인 테오도르 슈토름 Theodor Storm(1817-1888)은 50여 편의 중단편소설과 시를 통해 독일의 자연과 전설을 독자들의 의식 속에 함께 결합한 작가다. 그는 기독교의 이상주의적인 내세관에 반대하고, 현세의 모든 존재는 시간의 제약을 벗어날 수 없다는 체념적 염세주의의 성향을 지녔으며 인간은 고독하게 사라져 가는 존재이며, 모두가 예외 없이 잊혀지는 존재라고 믿었던 작가다.

독일에서는 이미 오래전부터 슈토름의 전집, 특히 그의 대표작 〈임멘호수 Immensee〉(1987)를 중심으로 한 다양한 논문들과 서평이 나와 있으며 나아가 그의 다른 작품들에 대한 연구논문들도 많다. 국내에서는 80년대 초반부터 주로 〈임멘호수〉와 그의 노벨레(중단편소설)들을 대상으로 한 작품 분석과 창작 방식, 문체 연구 및 슈토름 문학의 시대 비판 등에 관한 연구논문들이 나왔고 최근에는 그의 노벨레에서 나타나는 신화적 요소와 여성상 등 새로운 시각에서의 연구들이 있다. 그러나 이 책에서 다루게 된 그의 작품의 음악적 요소에 대해 분석한 연구논문들은 거의 없는 상황이다.

슈토름이 활동했던 19세기 중반에는 악기를 연주하거나 음악을 향

1) 독일의 '시적 사실주의'는 유럽 사실주의의 독일적 변형이라고 할 수 있다. 시적 "poetisc"이란 부가어는 사실주의의 특성과 모순되지만 독일의 사실주의가 프랑스 등 유럽의 다른 사실주의에 비해 덜 "사실적"이라는 의미로 붙여진 수식어이다. 독일의 사실주의자들은 의식적으로 가차 없는 사실주의와 거리를 두었다 독일 사실주의의 이러한 독특성은 세기 독일의 특별한 상황과 관계가 있는데 1871년까지 독일은 민족 국가들로 분할되어 있었고 산업화가 뒤늦게 시작되었기 때문에 지역적이었고 농촌, 전원적인 관계가 유지되고 있었다.

유하는 것이 시민계급 문화의 확고한 구성요소에 들어가는 시기이기도 했다. 슈토름에 대한 전기는 그런 시대적 사실을 넘어서서 음악에 대한 그의 개인적인 애호를 보여주고 있다. 1843년 그는 자신이 설립한 음악협회의 악장이기도 했다. 개인적으로 슈토름은 "테너로 그는 목소리가 좋고 지식이 풍부한 음악 애호가다"라고 평가받을 정도로 어려운 악보도 능숙하게 소화해내는 열정적인 가수의 재능도 가진 것으로 알려져 있다. 따라서 슈토름의 음악적 지식이 그의 노벨레 속에 섞여 들어간 점은 사실 이상할 것이 없다.

그의 작품 속에서 드러나는 음악 세계는 변화가 많고 다면적인 특성이 있다. 그의 음악 세계에서는 아마추어 음악 애호가뿐만 아니라 전문적인 음악인들의 운명도 나타나고 있다. 그래서 그의 작품 속 음악 세계에서는 음악적 행위와 서로 연관성 있는 사건들이 많이 나타나고 있다. 그의 소설에는 구체적인 음악 작품들이 나오는데 그 곡들은 등장인물들에게는 자신들의 인생행로를 의미하기도 한다. 여기에는 다른 곡의 인용뿐만 아니라 노래의 형태로 텍스트에서 서술되는 슈토름 자신의 시들도 연관성이 있다. 결국, 슈토름은 각 노래와 음악들을 자신의 작품에서 상징적으로 사용하고 있는 것이다. 이러한 노래와 음악은 각 작품과 관련해서 등장인물들의 행운이나 비극에 대해 알려주는 역할을 하기도 한다.

2. 〈임멘 호수〉

슈토름의 창작 초기의 가장 유명한 작품 〈임멘 호수〉는 등장인물과 연관된 상황들을 암시하기 위해 구상된 악곡들이 종종 사용되고 있다. 예를 들어, 두 편의 노래는 작품 속 배치와 그 곡의 내용, 장면상의 맥락 등을 고려할 때 주인공 라인하르트의 좌절과 실패를 암시하고 있다.2) 더 나아가 그 노래들은 이 노벨레의 등장인물의 개인적 운명을 초월해서 사랑에 대한 작가 슈토름의 생각과 당시 사회에 대한 그의 시각을 보여주고 있다. 사랑에 대해 서로 다른 시각을 보여주었던 슈토름과 포이어바흐와의 논쟁을 생각할 때 슈토름에게 사랑은 삶의 유한성에 직면해서, 현세에 대한 의미 부여와 현세를 문학적으로 형상화하기 위한 매개체가 된다. 포이어바흐에 의하면 "사랑은 인간을 신으로 만들고 신을 인간으로 만들며" 사랑만이 "인간의 자기 자신과의 불화"를 없앨 수 있다. 인간은 상대방과의 관계 속에서 비로소 사회적 존재로 발전하게 되며 어떤 사람에게 행운이나 좋은 일은 현세에서 발생하는 것이고 사랑하는 순간에 시작되는 것들이다.

〈임멘 호수〉에서는 라인하르트와 엘리자베스 간의 사랑의 좌절이 현실적인 토대 위에서 서술되고 있다. 이때 〈임멘 호수〉는 결코 "센티멘탈한 감상적 이야기"가 아니며 화자인 라인하르트의 시각을 통해 풍부한 예술성의 응집을 보여준다. 비평가 파스토르에 의하면 노인이 된 라인하르트의 회상 장면에서는 한 고독한 죽음의 기다림이 제공하는 회상과 시민으로서 뿐만 아니라 예술가라는 존재로서 잃어버린 삶에 대한 회상이 나타나고 있다. 결국 라인하르트의 삶은 예전에 높이 날아오르던 희망들을 충족시키지 못한 삶이 되어 있었다.

그의 다른 노벨레의 주인공들과 유사하게 라인하르트와 엘리자베스

---

2) 이 두 노래의 가사에 해당되는 두 편의 시 '여기 산꼭대기에서 Hier an der Bergeshalde'와 '그는 거의 길을 잃었을 지도 모른다 Er wäre fast verirret'는 감상시 혹은 순수시로 볼 수 있다. 첫 번째 시는 라인하르트가 시를 통해 엘리자베스를 회상하고 있으며 두 번째 시는 라인하르트에게 점점 다가오는 위험스러운 존재라고 할 수 있는 집시 처녀에게서 벗어나려는 그의 감정을 보여준다.

의 사랑은 이미 어린 시절에 시작된다. 어릴 적의 라인하르트는 이야기꾼으로 소개되고 있는데 이런 점은 그가 성장해서도 동화작가이자 학자로 활동하는 사실과도 연관이 있다.[3] 라인하르트는 자신이 행하는 다른 일에서도 그렇듯이 예술과 사랑에서도 능동적이고 적극적이지 않다. 에로틱한 향연을 향한 문이 라인하르트에게는 계속 닫혀 있으며 일반 시민으로서의 결혼생활을 향한 문도 이와 마찬가지였다. 작품 속의 집시 처녀의 노래도 이러한 배경에서 이해되어야 할 것이다. 성탄절 전야에 대학생 신분의 라인하르트가 친구들과 함께 연회를 위해 모여 있는 지하 술집에서 그 처녀의 노래가 들리기 시작한다. 그러나 그 노래는 예수님의 탄생을 찬미하는 것이 아니라 속세의 사랑을 찬미한다. "섬세하고 집시처럼 움직이며 하프를 연주하는 그 처녀 "에게 한 젊은 귀족이 가장 먼저 말을 거는데 그는 포도주와 은화를 주며 그 아가씨가 노래하기를 원한다. 하지만 만취한 그는 이 여성을 향해 정중한 부탁이 아니라 대상을 유혹하는 일종의 거래처럼 행동했고 이에 대해 그 여인은 "그 사람을 위해서는 연주하지 않겠어요"라며 완고한 자존심을 보여준다. 이에 자극받은 라인하르트가 그녀로부터 시선을 빼앗기 위해 일어서며 그녀의 자존심을 꺾어 보려고 시도하지만 오히려 그녀의 유혹적인 몸짓에 굴복한 그는 "당신의 아름답고 죄 많은 눈을 위하여"라고 말하며 조용히 술잔을 비운다. 이렇게 두 사람 간의 유희적 놀이 속에서 에로틱한 성적 감정이 발생하지만, 이 시민계급의 아들은 여성을 지배하려는 행동을 하지 않았으며 오히려 그러한 행동이 그 처녀가 노래하도록 마음을 움직일 수 있

3) 비평가 벨가르트는 라인하르트가 작가로서의 삶을 살아가는 것, 즉 엘리자베스와의 관계를 시로 쓰는 행위를 오히려 현실적인 인간으로 살아가는 것에 방해가 되는 요소로 지적했다.

었다.

그녀는 웃으면서 머리를 뒤로 제쳤다. "주세요!"라고 그녀는 말했고 그녀는 검은 눈으로 그의 눈을 응시하다가 천천히 남은 술을 마셨다. 그리고 나서 그녀는 3화음을 잡았고 깊고 정열적인 음성으로 노래를 불렀다.

오늘, 단지 오늘뿐
아름다운 나의 모습도
내일이면, 아, 내일이면
모든 게 사라져 버리네!
이 시간만이
당신은 아직 나의 것
죽음, 아아, 죽음뿐
오직 나 혼자여야 하네.

그 집시 처녀의 노래에서 미와 에로틱한 향락은 '오늘, 현재'에 속하는 것이며 덧없고 허무한 '내일'은 체념에 속할 뿐이다. 노래의 후반부에서 표현되듯이 슈토름의 시에서 자주 언급되는 위험한 죽음의 모티브가 집시 처녀의 노래에서도 분명히 나타나고 있다. 노래에서 알 수 있지만, 고독 속에서 죽어가고 있는 사람에게 저승에 대해 어떠한 위안도, 희망도 주지 못하는 "근본적인 죽음의 공포"는 사랑의 시간을 개인에게 남아 있는 최고의 가능성으로 평가하게 하고, 이승에서의 행복의 약속이 높은 가치로 평가받게 한다. 라인하르트는 집시 처녀의 초대에 응하지 않고 엘리자베스에게서 온 성탄절 선물을 보기 위해 하숙집으로 돌아간다. 그가 엘리자베스의 선물의 답례로 “붉은 산호초로 만들어진 조그만 십자가”를 사기 위해 보석상에 서둘러 갈 때 하프를 타는 집시 처녀의 노랫소리가 들리는 지하 주점 옆을 지나가게 된다. 이때 보석가게에서 구입한 그 장신구는 고유의 기독교적 의미에서의 성 윤리와 원초적이고 자연스러운 관능 사이의 다양한 변화를 의미한다고 볼 수 있다.4)

몇 년 후 임멘 호숫가에서 라인하르트와 엘리자베스는 재회하게 되는데 두 사람 사이에는 여전히 친밀한 연결 고리가 유지되고 있었다. 그러한 숨겨진 진실을 다시 드러내는 것은 한 편의 노래를 통해서다. 라인하르트는 현실적 삶에 집중하거나 자신과 그녀를 위해 삶을 현실에 맞추는 대신에 “엘리자베스와의 관계를 시로 씀으로써, 결과적으로는 진정한 인간적인 관여를 방해하는 미의 유혹에” 굴복하게 된다. 이와 연관되는 노래 한 곡을 관찰해보자.

어머니가 그것을 원하셨다네,
다른 남자를 잡아야 한다고
내가 이미 마음에 간직했던 것을,
내 마음이 그것을 잊어야 한다고
내 마음은 그것을 원하지 않았다네.
내 어머니에게 나는 하소연했네,
어머니가 잘못하셨다고

---

4) 잠머른 프란켄에그는 라인하르트가 엘리자베스의 크리스마스 선물과 편지에 대해 답장할 때, 죄없는 순수한 아이(엘리자베스)와 검은 유혹으로 상징화된 여자(집시 처녀) 간의 대결에 주목하면서 엘리자베스를 “천사” 내지는 “크리스마스 선물을 가져오는 아기 천사”로 해석하고 있다.

예전에는 명예였던 것이,
이제는 죄가 되었으니
나는 무엇을 해야 하는가!
내 모든 긍지와 기쁨 대신에
난 고통을 얻었다네.
아아, 그런 일이 일어나지 않아야 했는데,
아아, 내가 동냥하러 다닐 수도 있었는데
갈색 들판을 지나서!

이 노래는 전해져 내려온 민요로서 고뇌와 기쁨이 함께 표현되고 있다. 앞서 나왔던 노래 「나는 높은 산 위에 서 있었다 Ich stand auf hohen Bergen」와는 반대로 이 노래 「내 어머니가 원하셨다네 Meine Mutter hat's gewollt」는 라인하르트가 직접 낭독하고 있다. 이 노래는 사실 사랑한 남자를 포기하도록 강요하는 내용이지만 극도의 비탄적인 감정은 아니다. 사실 그에게는 사랑이 센티멘탈하고 시적인 청춘의 기억이지만 엘리자베스에게는 살아있는 현실이었던 것이다.

집시 처녀의 노래와 비교하면 이 노래에는 풍부한 예술성이 가미되어 있다. 「내 어머니가 원하셨다네」에서 일인칭 화자인 시적 자아는 사랑을 포기하라는 어머니의 강요를 슬퍼하면서 자긍심을 표현하고 있다. 즉 열정을 상실한, 경제적인 부에 의한 행복이 강요에 의한 것임을 알리고 있다. 그리고 "아아, 내가 동냥하러 다닐 수도 있었는데 갈색 들판을 지나서!"라는 부분에서는 비록 물질적인 빈곤을 겪더라도 사랑과 행동의 자유를 동경하는 마음이 나타나고 있다. 따라서 집시 처녀의 노래와의 직접적인 연관성은 적지만 이 두 여인 간의 은밀한 유사성을 보여주는 단어는 '자긍심'이란 표현이다. 시민계급 처녀의 자긍심이 부에 대해서라면 집시 처녀의 자부심은 자신이 돈으로 사고 팔 수 있는 거래의 대상이 아니라는 자긍심에서 찾을 수 있다. 여기에서 부가 광활한 '임멘 호수'를 의미한다면, 즉 물질적으로는 풍요롭지만 부자유를 의미한다면 정신적인 풍요는 정해진 거처가 없는 자유로움을 의미할 수 있다. "갈색 들판을 지나서" 방황한다는 표현에서 슈토름은 '신의 자유로운 하늘 아래에서 방황한다'는 의미라기보다는 시간의 행복을 상기시키는 자유, 정해진 거처가 없는 자유로움과 연관시키고 있다. 따라서 「내 어머니가 원하셨다네」의 마지막 행은 집시 처녀의 노래의 마지막 행과 연관성이 있다. 이 노래에서 홀로 사랑을 충족시키는 지상에서의 행복이, 집시 처녀의 노래에서 저승에 대한 희망상실(죽음, 아아, 죽음뿐 / 오직 나 혼자여야 하네)과 비교될 수 있다. 「내 어머니가 원하셨다네」의 시적 자아도 저승에서의 삶에 대한 믿음을 갖지 못하는데 그것은 경제적인 부유함에도 불구하고 사랑의 상실에서 오는 고통만을 느끼기 때문이다.

하지만 라인하르트는 집시 처녀에게서 도피하는 것처럼 엘리자베스에게서도 달아난다. 그가 에로틱한 유혹으로부터 도피하는 행위는 자연의 상징 속에서 표현되고 있다. 예를 들어, 하얀 수련꽃에 가까이 가기 위해 라인하르트는 밤중에 벗은 몸으로 호수 속에 들어가지만 그가 수련꽃을 잡기 위해 가까이 갔을 때 "그는 자신이 그물 속에 휘감긴" 느낌을 받는다. 그리고 그는 "갑자기 낯선 공간 속에서 너무나 섬뜩해져서 달라붙는 풀을 힘으로 잡아떼며 숨을 헐떡이며 육지로 헤엄쳐 나왔다."

라인하르트는 결국 엘리자베스와 다시 이별을 고한다. 그리고 "그의 앞에는 크고 넓은 세계가 펼쳐졌다." 그에게는 집시 처녀의 노래가 다시 떠오른다. "죽음, 아아, 죽음뿐 / 오직 나 혼자여야 하네!" 그리고 과거에 집시 여인이 열정적으로 불렀던 노래가 지금은 의기소침한 한 남자의 회한에 찬 목소리로 반복되고 있다. 옛날에 들었던 노래가 기억에 떠오르자 라인하르트는 한동안 숨이 막혀 조용히 서 있는다. 지나간 자신의 잘못을 생각해보려 했지만 그 노래에 대한 기억에도 그는 자신이 잘못한 이유를 분명하게 느끼지는 못했으며 몸을 돌려 자기 방으로 올라간다. 이 작품의 끝 장면은 다시 작품의 시작 부분으로 되돌아오는데 한 외로운 노인이 이제는 자신의 곁에 없는 여성의 모습을 꿈꾸는 장면이 나오고 있다. 인생이 이제 끝을 맺으며 더 이상은 전개되지 않는다.[5)]

3. 나가는 말

슈토름의 작품 속에 나타나는 음악 세계는 그 양상과 변화가 아주 풍부하다. 그의 작품 속의 음악 세계는 아마추어 음악 애호가들뿐만 아니라 전문 음악인들의 운명도 포함하고 있다. 그의 작품에서 줄거리는 음악과 함께 연주됨으로써, 서로 얽혀있는 연관성들이 그러한 음악의 세계 안에서 계속해서 재확대되고 발전한다. 슈토름의 작품 속 음악 세계는 여러 곡의 노래들을 포함하고 있는데 그 곡들의 인지 및 그런 음악의 퍼포먼스 속에는 등장인물들의 삶의 중요한 의미가

5) 비평가 벨가르트는 노인의 이런 모습에서 "삶의 소중함을 너무 소홀히 한 예술 애호와 그런 예술 애호의 공허함을 [...] 의식하게 된다"라고 말했다. 벨가르트는 이 결말 부분에서 그 노인에게 지금까지 은폐되어 있었던 각성을 이제 그 노인이 의식하게 되었다고 보는 것이다.

암시되고 있다. 이때 서로 연관성 있는 예술작품의 인용이나 슈토름 자신의 시들이 텍스트 속에서 함께 나타나기도 한다. 이 모든 점을 종합할 때 슈토름은 음악 작품 내지는 음악적 요소들을 작품에서 상징적인 방식으로 사용하고 있다고 볼 수 있다. 이러한 음악적 요소들은 그의 작품의 발전과정과 관련해서 그리고 등장인물의 행복한 운명 혹은 비극적인 운명의 결정과 관련해서 이 작가의 창작의 매개체 역할을 하고 있다.

대학에서

로레

나는 나와 동년배 소녀들을 소개해 줄 수 있는 여형제가 없었다. 하지만 나는 댄스 교습소에 다녔다. 시장의 관사로 이용되고 있는 시청의 강당에서 매주 이틀씩 교습을 받았다. 교습생들은 나와 가장 친한 시장 아들을 포함해 전부 여덟 명이었다. 우리는 모두 우리 고향의 라틴어 학교 6학년생(역주: 한국의 고등학생 1학년에 해당)들이었다. 하지만 춤 파트너인 여자 무용수를 찾는 일은 처음부터 아주 힘들어 보였다. 여덟 명의 우리 신분에 맞는 여자 파트너를 한 번에 찾는 일은 쉽지 않은 일었다.

시장 아들인 프리츠가 이 문제를 쉽게 해결했다. 예전에 자신의 집에서 일하던 가정부가 한 의복 재단사와 결혼을 했는데 시장부인이 개최하는 모든 파티에 항상 불려왔었다. 그녀의 남편은 노란 피부에 삐쩍 마른 프랑스 사람으로 재봉틀 앞에서 바늘을 사용하는 일보다는 술집에서 큰 소리로 허풍 떨기를 더 좋아하는 사람이었다. 이 사람들은 성의 정원에서 맞은 편에 있는 거리의 끝에 살고 있었다. 문 옆에 있는 유일한 창문을 거의 모두 덮고 있는 큰 보리수나무가 있는 궁핍한 집이었으며 우리는 그 집을 잘 알고 있었다. 우리는 그 예쁜 소녀를 훔쳐보기 위해 종종 그 집 옆을 지나갔었다. 그 소녀는 제라늄 화분 뒤에서 바느질 일을 하며 앉아 있곤 했으며 우리 소년들의 상상 속에서는 미미하지 않은 역할을 하며 앉아 있었다. 열세 살의 우아한 그 소녀는 프랑스 재단사의 유일한 자식이었다. 그 소녀는 비싸지 않은 천으로 만들어진 옷이었지만 소녀 어머니의 사랑으로 매우 단정하게 입고 있었다. 갈색 피부와 크고 검은 눈은 아버지의 혈통을 이어받아 이국적 분위기를 드러냈다. 그리고 흑색 머리카락이 수수하게 관자놀이 아래로 스치듯 늘어져 있어서 원래 작은 머리지만, 특히 더 섬세한 외모로 귀엽게 보였다. 아직도 나는 그 모습을 기억하고 있다.

프리츠와 나는 곧바로 르노레 보르가르(로레)가 여덟 번째 파트너가 되어야 한다는 것에 같은 의견이었다. 사실 우리는 방해 요인과 싸워야만 했었다. 그 이유는 우리가 그것을 제안하자, 다른 어린 파트너들과 아가씨들이 아주 신경질적인 불쾌한 표정을 하며 말이 별로 없었기 때문이다. 그렇지만 사랑스러운 아들의 기교에 넘어간 시장부인이 우리를 지지해주었다. 그리고 이 야무진 부인이라는 유쾌하고 단호한 존재 앞에서는 그 어린 숙녀들의 불쾌한 콧잔등도, 그리고 더 위협적이었던 다른 어머니들의 항의도 이겨내지 못했다.

그렇게 우리는 어느 날 오후 프랑스 재단사의 작은 집을 향해 가고 있었다. 평소에 나는 우리 집의 목수 아들과 나의 친구 사이가 멀어진 것을 종종 아쉽게 생각했다. 그의 여동생과 보르가르 양은 아주 친한 친구이기 때문에 거의 매일 만났다. 그래서 나는 그와 다시 친하게 지내며 그의 아버지 밑에서 목수 일을 배워 볼까를 신중히 고민하기도 했다. 그 외에도 크리스토프는 성실하며 나돌아다니지 않는 영리한 소년이었다. 크리스토프는 자신이 불쾌한 말투로 얘기하는, 유식한 학교인 '라틴어 학교 학생들'에 대해 놀라울 정도로 적의를 갖고 있었다. 그리고 같은 생각을 하는 친구들의 도움으로 연병장에서 간혹 라틴어 학생들과 힘이 다할 때까지 서로 몸싸움을 했는데, 그런 주먹 다툼이 전쟁의 결말을 가져올 수는 없는 일이었다.

하지만 이제 나에게는 더 이상 그런 중재가 필요 없어졌다. 우리는 벌써 그 집 앞에 거의 다 왔고, 11월의 바람에 여기저기 흩날리는 낙엽 위를 걷고 있었기 때문이다. 초인종을 누르자 보르가르 부인이 부엌에서 나왔다. 하얀 앞치마에 조심스럽게 손의 물기를 닦은 후 작은 거실로 들어가라고 우리에게 말했다.

바느질을 하다가 우리가 들어서자 갑자기 놀라 일어난 연약하고 약간 가무잡잡한 소녀의 모습을 땅딸막한 금발의 부인에게서 찾아내기는 어려웠다. 그 소녀는 호기심과 당황함이 뒤섞인 표정으로 작은 상자에 기대어 있었다. 프리츠가 우리의 생각을 전달하는 동안 그녀의 작은 얼굴에 밝은 홍조가 생겼고, 나는 그녀의 눈이 점점 반짝이며 커지는 것을 보았다. 하지만 그녀의 어머니가 말없이 고민에 잠겼다가 머리를 흔들자, 그녀는 어머니 등 뒤로 살짝 돌아 아마도 침실로 통하는 것 같은 문으로 사라졌다.

우리가 들어설 때 그녀가 앉아 있던 책상으로 나는 눈길을 돌렸다. 리본과 소녀의 자잘한 물건들 속에 가죽으로 만든 얇은 무용화 한 켤레가 놓여 있었다. 언뜻 보기에는 조금 전에 소녀가 만졌던 것으로 테두리까지 끝마친 상태였다. 그것은 불안할 정도로 작았고, 나의 상상으로는 그 속에 들어갈 만큼 작은 발을 생각조차 할 수 없었다. 나에게는 이미 그녀가 춤을 추며 내 주변을 빙빙 도는 것 같았다. 그리고 내가 잠시라도 가만히 있으라고 그녀에게 부탁하고 싶었지만, 그녀가 금방 사라졌다가 다가오고 또다시 사라지면서 나를 애타게 하는 것 같았다.

이렇게 내가 환상에 잠긴 꿈을 꾸고 있는 동안 보르가르 부인과 프리츠는 가야 한다느니, 못 보낸다느니 하면서 이유와 반대이유를 서로 교환하며 힘겨운 저울질을 하고 있었다. 너무 어이없게 거절당할 위기에 처한 내 친구는 결국 시장부인의 이름을 저울 위에 올렸다. 그러자 상황은 점점 더 우리에게 유리하게 기울었다.

"그리고 이미 무용화도 저기 있잖아요! 보르가르 씨는 신발도 만드나요?"

프리츠가 말했다.

부인이 고개를 끄덕였다.

“도련님이 알다시피 그는 못하는 것이 없을 정도로 대단한 예술가지요. 그는 연초에 도련님 회중시계도 수리해야만 했지요. 저 신발은 우리 아이에게 크리스마스에 주려고 미리 만들어 놓은 거지요.”

“마가레트 아주머니, 그럼 됐네요. 우리 어머니에겐 입지 않는 옷이 트렁크에 꽉 차 있어요. 그것들을 이용해 로레를 위해 아주머니가 새 옷을 만들어 주시면 되잖아요. 그것들을 이용해서 적어도 로레의 옷 여러 벌을 만들 수 있어요.”

부인은 잠시 환한 미소를 지었다. 그렇지만 다시 얼굴이 진지해졌다.

“난 잘 모르겠습니다..., 그래서는 안되지만, 사모님이 그렇게 생각하신다면....”

그동안에 소녀가 다시 들어와 어머니 곁에 서 있었다. 하얀색의 작은 옷깃을 두른 것을 나는 놓치지 않았다. 또 붉은 산호 귀걸이도 하고 있었다.

“너는 어떻게 생각하니, 로레?”

그녀의 어머니가 아직 결심하지 못한 표정을 하고 있는 동안 프리츠가 말했다.

“우리와 함께 춤추고 싶지 않니?”

그녀는 대답하지 않았다. 하지만 두 손으로 어머니의 목을 감싸고 뭐라고 속삭이는 그녀의 얼굴에는 차츰 더 짙은 홍조가 생기고 있었다.

“프리츠 님이 나한테만 살짝 얘기했더라면 아무 일이 일어나지 않았던 것으로 할 수 있을 텐데.... 이 아이에게 들뜬 기분을 잔뜩 불어넣었으니 저 아이가 날 평안하게 내버려 두지 않을 거예요.”

부인은 격렬하게 매달리는 소녀를 부드럽게 밀어내며 말했다. 마침내 우리가 승리한 것이다.

"수요일 저녁 일곱 시야!"

프리츠가 걸어가면서 외쳤다. 그 후 우리는 모녀의 배웅을 받으며 그 집을 나왔다. 얼마 후 우리가 뒤돌아보았을 때, 우리의 어린 여자 친구는 여전히 그곳에 서 있었다. 그녀는 우리를 보고 몇 번 머리를 끄덕이고 빠르게 집으로 뛰어 들어갔다.

춤 연습 시간에

프리츠가 내게 알려준 바에 의하면 바로 다음 날에 보르가르 부인이 그의 어머니 댁에 다녀갔다고 했다. 어머니와 상당한 시간 옷장을 뒤적인 후 한 보따리나 되는 옷 꾸러미를 갖고 떠났다는 것이다.

수요일 저녁 춤 연습 시간이었다. 구두점에서 주문한 새 양복과 강철로 된 버클이 달린 에나멜 구두가 각각 늦게 도착하는 바람에 내가 홀에 들어섰을 때는 이미 모두가 모여 있었다. 내 급우들은 창가의 나이 든 선생님 주변에 모여 있었다. 그 선생님은 손가락으로 바이올린 줄을 퉁기며 젊은 제자들에게 신청받은 곡을 들려주고 있었다. 여자 무용수들은 무리를 지어 팔짱을 낀 채 홀을 이리저리 걸어 다니고 있었다.

로레는 그들 사이에 없었다. 그녀는 홀로 문에서 멀지 않은 곳에 서서 활기차게 잡담을 나누는 소녀들을 숨어서 바라보고 있었다. 소녀들은 낯선 공간에서도 아주 자유롭고 거리낌 없이 느끼는 것 같았으며, 로레에 대해서는 전혀 관심도 없는 것처럼 보였다. 그 소녀들보다 더 자기중심적이고 무자비한 것은 없을 것이다. 하지만 곧이어서 내 뒤에서 시장부인이 들어왔다. 그녀는 젊은 일행들에게 인사를 했다. 그리고 프리츠가 표현한 것처럼 장군 같은 눈길로 홀을 한번 둘러보았다. 그 후 로레에게 걸어가서 그녀의 손을 잡고 댄스 교사에게 말했다.

"서로 짝이 맞도록 신사들을 줄을 세워 보세요!"

댄스 교사가 분주하게 움직이며 자신의 임무를 수행하는 동안 그녀는 소녀들에게로 몸을 돌려 줄 서기 과정에 합류했다. 금발의 우체국장 딸이 키가 가장 컸으며, 다른 소녀들보다 거의 머리 하나 정도가 더 컸다. 그녀는 우리 건너편 벽 쪽에 섰다. 그런데 일이 수상하게 진행되었다.

"잘 모르겠구나, 샤로테, 네가 더 큰지, 로레가 더 큰지! 내가 보기에는 너희 둘 다 완전히 똑같은 것 같구나!"

시장부인이 말했다. 시의원이자 법관의 딸인, 이름을 불린 소녀가 한 걸음 뒤로 물러나며 말했다.

"맘젤(역주 : 17세기에 소녀들을 지칭한 통용어) 로레가 분명 더 클 거예요."

"아이, 무슨 말을! 아가씨, 그 구석에서 나와서 맘젤 로레하고 키를 한 번 재어 봐라!"

내 친구의 어머니가 소리쳤다. 그래서 그 어린 숙녀는 앞으로 나와서 재단사의 딸과 등을 맞대고 키를 재게 되었다. 하지만 나는 날카롭게 주시하고 있었다. 그녀는 재단사 딸의 검은 머리와 자신의 머리가 접촉하지 않고도 키를 재는 법을 알고 있었다.

그 어린 아가씨는 밝은 색상의 옷을 입고 있었다. 로레는 검은색과 붉은색 줄이 들어간 모직으로 된 옷을 입고 목에는 얇은 천으로 만든 숄을 하고 있었다. 옷이 너무 어두워 보였고, 그녀는 이국적으로 보였다. 하지만 그녀에게 잘 어울렸다.

시장부인은 두 소녀의 키를 쟀다.

“샤로테, 너는 평소에도 최고로 잘했잖니? 저 애가 너의 순위를 앞지르지 않도록 조심하거라. 나에겐 어쩐지 그럴 것처럼 보이는구나.”

내가 보기에는 이 말에 소녀의 검은 두 눈이 반짝이는 것 같았다.

잠시 후에 짝이 정해졌다. 나는 소년들의 순서에서 두 번째였다. 그래서 로레가 내 파트너가 되었다. 그녀가 손을 내 손 위에 올려놓으며 살짝 미소를 지었다.

“우리 멋지게 추자!”

내가 말했다. 그리고 우리는 그 약속을 지켰다. 최선을 다했다. 가장 먼저 마주르카 연습이 있었고 이 레슨이 끝나갈 때쯤 춤의 회전이 잘 진행되지 않자, 우리의 나이 많은 마에스트로는 활로 바이올린 뚜껑을 두드렸다.

“보르가르 양! 필립 군! 한 번 시범을 보여 주세요!”

그가 바이올린으로 멜로디를 연주하면서 동시에 노래하는 동안 우리는 춤을 추었다. 그녀와 춤추는 것은 기술이 아니었다. 내가 아니라 그 누구도 실패하지 않을 거라고 나는 믿는다. 노신사는 열광적으로 ‘브라보!’를 외쳤다. 유쾌한 시장부인도 쾌활한 미소를 지으면서, 수업이 시작된 이후 계속 주시하는 관객의 입장에서 자리 잡았던 소파 속으로 깊숙이 몸을 기댔다.

샤로테 양은 내 친구 프리츠의 파트너로 정해졌다. 내가 알아챈 바로는, 그녀의 생기발랄한 기질은 처음에 재단사의 딸에게 향했던 프리츠의 관심을 즉시 잊어버리게 하려는 의도로 보였다. 나는 재단사의 딸을 나만의 짝으로 생각했기에 그녀의 아름다움과 우아함을 세밀하게 관찰하게 되었다. 그리고 나무랄 데 없이 차려입은 그녀의 경쟁자 샤로테의 눈길이 가끔 훔쳐보는 곳으로 내 시선이 갔다. 그리고 나는 아름다운 소녀의 후원자인 시장부인이 세심하게 마음을 쓰지 않았음을 알게 되었다. 손 장갑이 그녀의 가냘픈 손에 비해 너무 컸다. 게다가 그 장갑은 이미 한 번 세탁한 것이 분명했다.

다음날 학교에서 돌아오자마자 나는 휴식을 취할 수 없었다. 내 저금통이 보관되어 있었던 옷장을 열고 저금통을 꺼내어 갈라진 틈 사이로 바닥에 깔린 붉은 천 말고도 딱딱한 주화를 힘들게 꺼낼 때까지 파내고 흔들어 댔다. 그 후 상점으로 달려갔다.

"작은 하얀 장갑 한 켤레 주세요!"

나는 가슴이 답답한 불안감으로 말했다.

점원은 자연스럽게 내 손에 시선을 던졌다.

"6호?"

장갑이 든 상자를 탁자 위에 놓으면서 그가 말했다.

"아뇨, 5호로 주세요!"

나는 낮은 목소리로 덧붙였다.

"5호? 안맞을 것 같은데!"

그러면서 그는 장갑을 내 손 위에서 당겨 보는 행동을 했다. 끓어오르는 것처럼 뜨거운 기운이 얼굴로 올라왔다.

"제가 끼는 게 아니에요!"

나는 그런 일에 데리고 갈 여형제가 없다는 사실이 그 어느 때보다 슬펐다. 그렇지만 곧 내 앞에 펼쳐져 있는 흰 실크 리본이 달린 작은 장갑에 매료되었다. 나는 두 켤레를 샀다. 그리고 가게를 나온 후 곧 길에서 놀고 있는 소년을 불렀다.

"이것을 로레 보르가르한테 갖다 줘라. 시장님 사모님의 인사를 전하면서 보냈다고 하고 무용 연습하는 시간에 사용하라고 해라! 그리고 여기 구석에서 너를 기다리고 있을게. 어떻게 되었는지 내게 알려줘."

10분 후 소년이 다시 왔다.

"어떻게 되었어?"

"그것은 나이 든 아주머니에게 드렸어요."

"그 아주머니가 뭐라고 말씀하셨어?"

"너무 많은 것 같대요. 시장부인이 오늘 아침에 이미 한 켤레 보내지 않았느냐고 하시면서..."

"잘 되었다! 그러면 그 애는 아무것도 눈치채지 못하고 있군."

나는 그렇게 생각했다. 다음 춤 연습 시간에 로레는 새 장갑을 끼고 있었다. 그게 내가 준 장갑인지, 시장 사모님이 준 것인지는 나는 알 수 없다. 그렇지만 장갑은 그녀의 갸냘픈 손목에 맞춘 듯이 꼭 맞았다. 그리고 이제 누구도 검은 원피스를 입은 로레보다 더 고상해 보이지 않았다.

춤 연습 시간은 평탄하게 진행되었다. 마주르카를 연습하고 난 후에 프리츠와 로레가 함께 추는 콘트라 댄스 순서가 되었다. 그러는 동안에도 로레와 다른 소녀들과의 관계는 크게 진전되지 않았다. 대신 내가 생각하기에는 나이가 제일 많고, 그 애들 중에서 가장 영리하고 키가 큰 제니와 대화하며 앉아 있는 것을 몇 번 본 적은 있다. 그리고 둘 다 집이 거리가 짧고 같은 방향이었으므로 함께 돌아가곤 했는데, 제니가 한 번은 재단사 딸의 팔짱을 끼는 것을 보았다. 나이 든 선생님이 바이올린을 들고 수제자인 그녀에게 걸어가서 자신의 젊은 시절에 배운 이런저런 발레 동작을 선보일 때가 아니면 그녀는 휴식 시간의 대부분을 홀로 있었다. 나는 종종 겉으로 보기에도 그녀가 얼마나 늙은 선생의 말에 귀 기울이는 데 관심이 별로 없고, 가끔 선생님을 향해 검은 눈을 치켜뜨거나 말없이 그가 하는 예술적인 동작을 은근히 따라 하는지를 몰래 훔쳐보았다. 그렇지만 우리가 들어가고 마에스트로가 바이올린을 연주하기 시작하자 상황은 달라졌다. 사실 그녀는 춤의 보조나 방향 회전 같은 것을 전혀 신경 쓰지 않는 것처럼 보였고, 눈은 멀리 떨어진 곳을 바라보며, 생각은 멀리 무아지경에 빠져 있어 보였지만, 그녀의 입은 미소를 짓고 있었다. 작은 발은 소리 없이 유희하면서 힘들이지 않고 바닥 위를 스치고 있었다. 나는 춤을 회전할 때 손을 내밀면서 그녀에게 물었다.

"로레, 너 어디 있니?"

"나?"

그러면서 그녀는 갑자기 꿈에서 깨어나듯, 검은 머리카락을 뒤로 넘겼다. 그리고 또다시 회전하는 춤동작은 나의 마음을 훔쳤다. 아직도 나는 질허(역주 : Friedrich Silcher, 독일 작곡가)의 이국적인 민요 멜로디의 스페인 무도곡을 들을 때면 그녀가 생각나곤 한다.

약간 귀찮았던 점은 - 난 그 점을 부정하고 싶지 않다 - 춤 연습 이후로 그 프랑스 재단사가 확연하게 호의적으로 나를 대했다는 사실이다. 도로 위에서든 산책길이든 나와 만나게 되는 곳이라면 나를 세워놓고 가능한 한 큰 소리로 긴 대화를 이어나가려고 했다. 벌써 첫 번째 만남에서 자신의 조부가 루이 16세 밑에서 튀일레리앙 성에서 난로에 불을 피우는 화부였다고 얘기했다.

"그래요, 무슈 필립!"

그는 한숨을 내쉬며 도자기로 만들어진 코담배 상자를 나에게 보여주었다.

"그런 식으로 한 가문이 쇠퇴할 수도 있는 거지요! 그렇지만 우리 로레는 .... 내 말 이해하시겠죠? 필립 군!"

그는 호주머니에서 화려한 체크 무늬 손수건을 꺼내어 검은 눈동자의 작은 눈물을 훔쳤다.

“뭐 어쩔 수 없지요! 나는 가난뱅이지만, 그 애는 .... 그 애는 나의 보석 같은 존재고, 내 마음의 우상입니다!”

그렇게 말하면서 그는 내게 눈을 깜박거렸고, 아버지 같은 눈길을 내게 보냈다. 마치 쇠퇴한 가문에 나를 받아들이려는 것처럼.

그러는 동안에 벌써 마지막 댄스 교습 시간이 다가왔다. 그래서 그 마지막 교습 시간에 작은 무도회를 열기로 했다. 우리가 춤추는 것을 보기 위해 부모들도 초대되었다. 나의 가족 주에서는 어머니만 참석을 승낙하셨고, 아버지는 의사이자 지역 보건소 의사라는 직업 때문에 모든 사교 모임에 참석할 겨를이 없었다.

저녁이 되자마자, 나는 조바심이 나서 얌전히 있을 수가 없었다. 그래서 원래 정한 시간보다 더 일찍 강당으로 갔다. 강당의 벽과 왕관 모양의 전등 안에는 초에 불이 켜져 있었다. 내가 주위를 둘러보았을 때, 창가에는 로레 홀로 등을 돌린 채 서 있은 모습이 보였다. 쾅 하며 닫히는 문소리에 그녀는 놀라 몸을 움츠렸다. 내가 다가가자 그녀는 황급히 손목에서 금으로 된 장신구를 벗으려고 애를 썼다.

“잠깐 앉자, 로제!” 내가 말했다.

“이것은 내 것이 아니야! 제니가 잊어버리고 여기에 두고 갔어.”

당황해하며 그녀가 대답했다. 베니스 풍의 금으로 된 섬세한 꽃무늬 팔찌가 가냘픈 손목에서 빛나고 있었다.

“그대로 있는 게 나을 것 같아.” 내가 낮은 목소리로 말했다.

로레가 슬픈 듯 머리를 저으며 다시 팔찌를 만지작거리기 시작했다.

“자, 그렇게 해서는 안돼. 내가 널 도와줄게!”

내 손 안에서 갸냘픈 그녀의 손의 무게가 느껴졌다. 나는 잠깐 주저했다. 내 눈은 마치 마법에 빠진 것 같았다.

"아, 부탁이야, 제발 빨리!"

그녀가 간청했다. 긴장하며 붉게 충혈된 눈을 아래로 내린 소녀가 내 앞에 서 있었다.

이윽고 이음쇠가 풀렸고, 로레는 창가의 의자 위에 놓인 화분 사이에 금팔찌를 다시 갖다 두었다.

곧 강당이 사람들로 만원이 되었다. 보르가르 부인도 자식의 명예로운 무도회에 최소한 시중을 드는 역할로서라도 반드시 참석하려 했다. 깨끗하게 새로 풀을 먹인 모자를 쓰고 어떨 때는 과자가 든 바구니를 들고, 어떨 때는 큰 접대용 접시에 가득 채우고 손님들 사이를 분주하게 오가고 있었다.

네 사람의 악사들이 한 탁자에 앉아서 바이올린 연주를 시작했다. 나이 든 무도의 명인이 바이올린 뚜껑을 톡톡 쳤고, 마주르카를 추기 위해 로레가 내게 손을 내밀었다. 아, 우리는 얼마나 멋지게 춤을 추었던가! 그녀는 내 품 안에 안정적으로 기대어, 많은 이가 주목할 정도로 그 작은 발로 얼마나 멋지게 바닥을 당당하게 밟았던가! 나 역시 음악의 선율에 실려 마치 떠다니는 것처럼 매혹되었다. 그것은 고통스러운 정열 같은 것이었다. 왜냐하면, 우리는 오늘 아마도 영원히, 마지막으로 함께 춤을 추는 것일지도 모르기 때문이었다.

그때 비로소 나는 로레가 밝은 꽃무늬의 양모로 된 옷을 입고 있는 것을 눈치챘다. 분명 그녀 후견인의 옷장에서 나온 것이었다. 그 이유는 작년 겨울 시장부인의 넓은 가슴과 구릿빛 빰이 이 화려한 장미 꽃다발과 어울리지 않아 우스꽝스럽다는 오명을 받았기 때문이었다. 그렇지만 지금 섬세한 그 무늬는 주인을 만나 진가를 발휘했다. 소녀의 싱싱한 갈색 얼굴에 너무나도 어울렸다.

마주르카 춤이 끝났다. 로레는 검은 머리와 날씬한 팔을 원래대로 내려놓았다. 나는 그녀를 자리로 이끌었다. 방금 마치고 걸어 들어온 프리츠와 샤로테가 바로 옆에 붙어 앉아 있었다. 이와 동시에 보르가르 부인도 차와 과자를 들고 왔다. 그녀는 딸에게 말을 하지 않았다. 딸에게 접대할 차례가 되자 그저 미소를 짓고서 자랑스러운 시선을 보냈다. 샤로테는 그녀만의 느긋한 눈길로 두 사람의 동정을 관찰하고 있었다.

"따님이 오늘따라 너무 예쁘네요, 보르가르 부인!"

찻잔에 설탕을 넣으며 그녀가 말했다.

칭찬을 받은 부인이 정중하게 몸을 숙였다.

"상냥한 아가씨, 시장님 사모님께서 잘 돌보아 주신 덕분이랍니다."

"아, 어쩐지! 그 장미 꽃다발!"

그리고 로레를 오랫동안 눈으로 내려다보았다. 로레는 그 시선에 응하려 했지만 이내 그녀의 눈이 어두워졌다. 나는 그녀의 뺨 위로 눈물이 몇 방울 흘러내리는 것을 보았다.

샤로테는 이것을 보지 못한 것 같았다. 그녀의 관심은 열려 있는 출입문 쪽의 청중들에게로 향해 있었다. 그리고 나는 놀랍게도 그 청중 속에서 프랑스 재단사의 노란 얼굴을 발견했다. 그는 무척 만족스러운 표정이었는데 손에서 도자기 담배 상자를 돌리며 기쁨이 넘치는 눈으로 강당 안을 주시하고 있었다.

"저기 당신 아버지네요, 로레 양?"

손가락으로 문 쪽을 가리키며 샤로테가 말했다. 로레가 그쪽으로 눈길을 보내고 몸을 움츠렸다.

"엄마!"

그녀는 우리 앞에 있던 부인의 팔을 무의식적으로 잡았다. 보르가르 부인도 활기 넘치는 얼굴로 안을 들여다보고 있는 남편을 알아차렸다. 하지만 남편을 감명받지는 않은 것처럼 보였다. 그녀는 정신을 가다듬으며 이렇게 말했다.

"주점에서 곧바로 여기에 오신 것 같네. 네가 춤추는 모습을 한번 보고 싶어 하시더구나."

로레는 문을 향해 걸어갔고, 무의식중에 나도 그녀를 뒤따라갔다. 그녀가 문 가까이 가는 동안 벌써 시장이 그녀의 아버지에게 걸어가서 강당에서 펀치나 한 잔 마시자고 권하고 있었다. 하지만 재단사는 전혀 이동하려고 않았다. 그는 고양이처럼 등을 구부려 한 걸음 더 뒤로 물러서며 말했다.

"친절하신 시장님! 제가 루드비히 16세의 궁정에 계셨던 저의 조부님이었더라면 몰라도... 하지만 저는 제가 있어야 할 자리를 잘 알고 있습니다."

시장이 돌아가자, 프리츠가 문가에 서 있는 그에게로 잔을 가져다주었다. 그리고 친절하게 말했다.

"저는 이제 로레와 춤출 겁니다! 그 애가 춤을 잘 아는 것 같아요."

하지만 이 순간 다른 소년들의 무리도 손에 술잔을 채운 채 다가왔다. 그들은 그와 건배를 했고, 그가 술잔으로 건배할 때마다 그들에게 고양이처럼 등을 굽히고 인사하는 것을 따라했다. 온갖 익살맞은 겉치레 인사가 서로 오고 갔다.

로레는 전혀 움직이지 않고 서서 아버지에게서 눈을 떼지 않았다. 하지만 나는 그녀가 작은 이를 악무는 것을 알아챘다.

악사들이 다시 연주하기 시작하자, 남은 소년들이 홀 안으로 뛰어들어갔다. 나는 아직도 로레와 문가에 서 있었다.

"아, 필립 군!"

재단사가 내게 손을 내밀며 불렀다.

"정말로 친절하고 상냥한 젊은 신사들이군요! 그렇지만 서로 신뢰하는 우리끼리만 얘기하자면, 당신과 로레, 로레와 당신이 가장 멋지군요!"

그러면서 작고 검은 눈을 들어 부드럽게 자식의 얼굴을 향했다. 마치 저항하기 힘든 충동에 사로잡힌 듯 긴 팔을 홀 안으로 내밀어 그녀를 자기 가슴에 안았다.

"내 사랑스러운 딸, 나의 보배!"

그러자 소녀는 아빠에게 입을 맞추고, 가냘픈 고개를 그의 어깨에 기대며 열정적이며 고통스러울 정도로 상냥하게 그의 목에 팔을 둘렀다. 하지만 그런 다음 팔을 풀고는 그의 손을 잡고 낮은 목소리로 간절하게 무슨 말을 했다. 나는 그녀의 말을 알아듣지 못했다. 하지만 그녀의 눈이 애원하듯 그의 눈을 향해 있고, 이따금 그의 괴로움을 보상해 주려는 듯, 마른 그의 볼을 그녀의 작은 손으로 쓰다듬었다. 처음에 그는 미소를 지으며 믿지 못하겠다는 듯 머리를 저었다. 하지만 그의 눈에서는 지금까지 그의 자리를 주장하며 기쁨에 넘쳐있던 표정이 점차 사라졌다.

"알고 있다, 알고 있어. 네가 불쌍한 이 늙은 아빠를 사랑한다는 거!"

그가 중얼거렸다. 그리고 음악이 콘트라댄스곡을 연주하자, 그는 딸의 손을 꽉 쥐었고 홀에는 눈길도 주지 않은 채, 긴 복도를 말없이 내려갔다.

그때 프리츠가 와서 자신의 파트너를 이끌었다. 그 두 사람은 평소처럼 자신감 있는 모습으로 춤을 추었다. 하지만 샤로테가 이 춤을 추며 회전할 때 보인 것은 평소처럼 마음 편안한 표정이 아니라 오히려 엄숙한 표정에 가까웠다. 휴식하는 시간에는 반짝이는 검은 머리카락을 관자놀이 뒤로 쓸어 넘기며 돌처럼 굳은 자세로 앞만 바라보고 있었다. 댄스파트너의 농담도 그녀의 귀에는 들리지 않는 것 같았다.

콘트라댄스를 마지막으로 우리가 연습해서 익힌 춤은 모두 끝났다. 그러나 우리가 춤을 추고 싶은 욕구는 끝나지 않았다. 우리가 메모지에 적어서 정한 순서에는 아직 왈츠, 쇼티체(역주: 19세기 독일에서 유행한 폴카와 비슷한 활발한 춤)와 갈로파드(역주: 2/4 박자의 빠른 춤곡인 갤럽에 맞추어 추는 춤)가 남아 있었다. 심지어 내가 로레를 생각하며 선택한 리본과 신선한 꽃다발을 전할 수 있는 코티롱(역주: 여러 명이 한 조가 되어 추는 활발한 프랑스의 군무)도 아직 남아 있었다.

그러나 로레는 이제 강당 안에 없었다. 다른 소녀들은 어머니들 곁에서 헝클어진 리본과 머리띠를 바르게 고치고 있었다. 보르가르 부인이 새 음료수를 들고 문으로 방금 들어왔다. 그녀도 딸을 보지 못했다. 이제 나는 프리츠를 찾아 나섰다. 그는 악사들이 있는 식탁 한 모퉁이에 서서 빈 잔들을 다시 채우고 있었다.

"로레는 어디에 있니?"

내가 물었다.

"나는 몰라. 화날 정도로 말 한마디 안하잖아! 어디 가는지도 내게 밝히지 않았어."

그는 불쾌한 듯 대답했다.

나는 그를 복도로 데리고 나왔다. 우리가 사람들의 외투가 걸려 있는 방에 갔을 때, 그녀가 우리를 향해 걸어왔다. 그녀는 머리에 검은 비단 모자를 쓰고 작은 외투를 입고 있었다.

"로레!"

내가 외치며 그녀의 손을 잡으려 했다. 하지만 그녀는 나에게서 벗어나 우리 옆을 지나쳐 갔다.

"날 내버려 둬. 난 집에 갈거야!"

그녀가 짧게 말했다.

잠시 후 그녀는 거리로 향하는 무거운 문을 열어젖히고 밖으로 뛰쳐나가 쇠 난간을 잡고 돌계단을 내려갔다. 프리츠가 다가와 타일 바닥 위에 있는 내 옆에 섰을 때, 우리는 어둠 속에서 가볍게 도망가는 그녀의 형체만 잠시 보았을 뿐이었다.

"내버려 둬! 아니면 혹시 너 기러기 사냥이라도 하고 싶은 거니?"

프리츠가 말했다.

사실 난 그러고 싶은 마음도 있었지만 어떻게 해야 할지 제대로 된 방법을 몰랐다. 우리들만 강당으로 돌아왔다. 보르가르 부인이 그녀의 집으로 달려갔다. 하지만 그녀 역시 아무런 성과 없이 다시 돌아왔다. 로레가 몸이 좋지 않다며 이미 침대에 들었으며, 아버지가 그녀 곁에 앉아 있다고 말했다.

그날 저녁의 나머지 시간은 내게 형편없는 시간이었다. 로레와 춤추려고 생각했던 코티롱이 시작되었을 때, 나는 몰래 조용히 빠져나와 슬픈 기분으로 집으로 향했다.

연못에서

새해의 첫날이 지났다. 나는 이미 오래전부터 빛이 나는 매끈한 강철 날이 달린 나의 네덜란드제 스케이트를 사랑스럽게 보면서, 아직도 모서리가 뾰족한 구식 칼날을 사용하고 있는 내 동급생들에 대해 조금 멸시하는 기분을 즐기고 있었다. 하지만 이제야 비로소 계속해서 얼음이 어는 시기였다.

어느 일요일 오후였다. 마을에서 멀지 않은 중간 크기의 호수라고 할 수 있는 뮈렌 연못 위에 얼음판이 거울처럼 반짝거리고 있었다. 그 마을 주민의 절반 정도가 상쾌한 겨울 공기를 마시며 야외에 모여 있었다. 나이 든 사람들부터 어린아이들까지 스케이트 두 짝 혹은 한 짝만 신고서, 심지어 신발 바닥 밑에 송아지 뼈를 감고서 얼음 위를 지치는 연습을 하고 있었다. 연못의 주변에는 텐트가 쳐져 있었고 텐트 옆의 땅 위에서 온갖 따뜻한 국물을 끓이는 솥이 흔들리는 불꽃 위에서 김을 뿜고 있었다. 몸을 감싼 소녀가 타고 있는 썰매가 여기저기 혼잡한 곳에서 비어 있는 평지 위로 쏜살같이 달리는 모습이 보였다. 그러나 모두 연못의 가장자리를 벗어나지 않고 있었다. 연못의 한가운데는 아직 불안해 보였기 때문이다.

나는 강철 스케이트를 신고 연못가를 따라서 외롭게 달렸다. 내가 되돌아왔을 때, 함께 댄스 교습을 받았던 우리 무리의 거의 모두가 텐트 옆에 모여 있는 것이 보였다. 크리스마스에 선물로 받은 외투를 입은 소녀들이 팔을 앞으로 내밀며 이미 꽤 녹아서 군데군데 부서진 얼음장을 시험하듯이 썰매를 타고 있었다. 이미 전날 저녁에 사슴 머리가 조각된 자신의 노란 썰매를 물레방앗간에 가져다 놓은 프리츠는 지금 막 샤로테 양을 태우고 돌아오고 있었다. 우리의 여성 춤 파트너 중 다른 한 명이 화려한 호랑이 가죽 천막 아래에 벌써 자리를 잡고 있었다. 프리츠는 주변을 둘러보며 지친 숙녀들의 접대를 도울 사람을 찾는 것처럼 보였다. 그렇지만 나는 일찌감치 방향을 바꾸어 돌아섰다. 왜냐하면, 직업학교 여자들처럼 보이는 부인과 소녀들의 무리에서 로레 보르가르를 보았기 때문이었다. 마지막으로 춤을 추었던 그 저녁때 이후로 나는 그녀와 다시 만나지 못했다. 그 소녀들은 우리 집 목수의 수습생에게 차례대로 가벼운 썰매를 밀게 하고 있었다. 나는 옛날 소꿉친구였던 크리스토프의 썰매임을 바로 알아차렸다. 그의 여동생도 있었다. 하지만 크리스토프는 보이지 않았다. 어쩌면 얼음판의 광채가 그를 호수 위로 계속해서 유혹했을 수도 있다. 우리 마을의 소년들 가운데 그가 최고의 스케이트 선수였다.

나는 어떤 식으로 가장 괜찮고 예의 바르게 로레에게 도와주겠다고 제안할 수 있을까 고민하면서 한동안 얼음판 주위를 돌고 있었다. 하지만 내가 가까이 가기만 하면 그녀는 그때마다 의식적으로 피했고, 다른 사람들 속에 몸을 숨겼다. 그 수습생이 한 차례 돌고 방금 돌아왔다.

"로레 차례야!"

하지만 로레는 원하지 않았다.

"바르텔은 힘드니까 우선 뭘 마셔야 할 것 같아!"

그녀는 그렇게 말하면서 소년의 손에 무엇인가를 쥐어 주었다,

나는 이 말을 듣자마자 이미 어떤 계획이 떠올랐다. 마치 모든 것이 나와 전혀 관계가 없는 것처럼, 가능한 한 빠르게 천막으로 달려갔다. 바로 그 앞에서 프리츠의 어머니가 소리쳤다,

"필립, 만약 아직도 로레를 붙잡기를 원하면 그녀는 저쪽에 있어!"

그녀가 놀리면서 말하고 엄지손가락으로 내가 방금 나온 옆을 가리켰다.

"물론 난 그녀를 다시 붙잡고 싶어요!"

나는 소리치며 그 옆을 배를 타고 가듯이 지나갔다.

"그래, 그렇지만 그 소녀는 너희들 같은 어린 소년들에 대해서는 더 이상 아무것도 알고 싶어하지 않을걸!"

이제 그 소리는 멀리서 들릴 뿐이었다. 나는 이미 큰 천막 앞에 서

있었다. 그리고 곧이어서 바르텔이 나타났다. 나는 가지고 있던 현금을 모두 사용해서 펀치 한 잔과 소시지를 끼운 빵을 그를 위해 준비해 두었다.

"이것 맛있게 먹어봐. 저 소녀들이 널 많이 힘들게 하지?"

그의 앞으로 음식을 밀어놓으며 말했다.

그가 왕성한 식욕으로 맛있게 먹어서 그를 매수하려는 시도가 쉽게 이루어질 것 같았다.

"바르텔, 내가 너랑 한 번 교대해 주면 어떨까?"

그는 이마의 땀을 손으로 닦으면서 조용히 계속 씹고 있었다. 단지 내가 그에게 내 계획을 자세히 설명하는 동안, 가끔 내 말을 알아들었다는 표시로 고개만 까딱거렸다. 그리고 식사가 끝나자, 그는 자신의 무리로 다시 돌아갔다. 곧 나는 로레가 작은 검은색 모피 모자를 머리에 쓰고 방한용 털토시에 손을 넣은 채 썰매에 앉아 있는 것을 보았다. 바르텔은 천천히 조종하면서 밀었고, 연못의 가장자리를 따라 느리게 돌았다. 그들이 혼잡한 사람들로부터 빠져나갔을 때, 나는 매끈한 내 스케이트로 소리 없이 그 뒤를 따라갔다. 몇 번의 눈짓을 주고받은 후, 내가 썰매 위에 손을 올렸고, 그는 뒤로 물러나 있었다. 나는 환호성을 지르고 싶었다. 하지만 이를 악물었다. 그리고 날개를 단 듯 가벼운 썰매를 반짝이는 빙판 위로 계속 밀었다.

"와, 바르텔! 너 정말 날고 있는 것 같다!"

로레가 말했다.

나는 잠깐 멈추었다. 발각될 게 염려되어서 가능하면 바르텔의 녹슨 스케이트 소리를 흉내 내려고까지 했다. 하지만 내 걱정은 불필요한 것이었다. 로레가 손을 토시 속으로 더 깊숙이 밀어 넣은 채 편안하게 몸을 기대었으며 그녀의 털모자가 거의 내 팔에 느껴질 정도였다.

"그렇게 계속 가, 바르텔!"

그녀가 말했다. 그리고 가짜 바르텔은 그녀가 두 번 말하게 하지 않았다.

이미 우리는 다른 사람들이 스케이트를 타지 않는 영역까지 지나와 있었다. 그곳은 바람이 불지 않았다. 연못가를 따라 멀리 뻗어 있는, 하얀 서리가 내린 갈대가 비스듬히 떨어지는 햇빛 속에서 눈부시게 반짝이고 있었다. 우리는 계속해서 나아갔다. 아래를 내려다보았을 때, 속이 훤히 보이는 빙판 밑으로 뱀 모양의 수초가 떠밀려 온 것이 보였다.

연못의 한복판이 나를 유혹했다. 나는 그녀가 알아차리지 못하게 천천히 썰매를 돌렸다. 호숫가로부터 우리를 갈라놓는 공간이 점점 더 커지고 있었다. 이미 뒤를 돌아보았을 때 나는 갈대의 반짝거림을 거의 구분할 수가 없었다. 거울 같은 연못의 어두운 표면이 반대쪽 연못가까지 비밀스럽게 뻗쳐 있어서, 단단하게 받쳐주는 얼음판인지 흐르지 않는 고인 물이 나를 속이는 것이지 거의 분간할 수 없었다. 마침내 연못의 중간에 이르렀다. 사람들이 다녀간 흔적이 없었다. 썰매는 길을 잃은 듯 검은 수면 위에 불안정하게 떠 있었다. 얇고 투명한 얼음 밑으로 어떤 수중식물의 잎들도 보이지 않았다. 연못의 밑바닥을 알 수 없을 정도였기 때문이다. 단지 가끔 우리의 아래로 무언가가 휙 스쳐 지나가는 것처럼 느껴졌다. 어쩌면 그것은 연못이 제물을 원할 때 위로 솟구쳐 오른다는, 이 연못의 가장 밑바닥에 있는 송장 물고기였는지도 모른다는 생각이 들었다. 나는 생각했다.

"만약 얼음이 깨진다면?"

나의 눈은 사랑스런 소녀를 삼켜 버릴지도 모를 검은 베일 같은 표면을 꿰뚫어 보려고 했다.

다시 썰매를 돌려서 이제 계속 앞으로 달렸다. 호수의 물이 점점 가느다란 개천으로 흐르는 곳이 우리 눈앞에 나타났다. 이미 멀리서 다리가 눈에 띄었는데 그 다리는 그림자처럼 회색 공기 속에 서 있었다.

"이제 돌아가자, 바르텔! 추워지고 있어!"

로레가 말했다.

나는 그 말에 신경 쓰지 않았다. 그녀가 주위를 둘러보려고 하지만 이제 돌아보더라도 어쩔 수 없다고 생각했다. 나는 더욱더 앞으로 밀고 나아갔다. 이제 나는 초조하게 그녀가 돌아봐 주기를 기다리고 있었다. 하지만 그녀는 자신이 한 말을 잊은 것 같았다. 왜냐하면 말없이 머리를 숙이고 외투로 몸을 더 단단히 감쌌기 때문이었다. 썰매는 계속해서 달렸다. 나는 이따금 우리 밑에서 작은 파도가 움직이는 것 같은 느낌을 받았다. 그녀가 타고 있는 썰매의 무게 때문에 얇은 빙판이 올라왔다가 가라앉는 것 같았다. 하지만 나는 두렵지 않았다. 이제 얼어붙기 시작한 빙판에 대해서 나는 잘 알고 있었기 때문이다.

그러는 동안에 겨울의 짧은 오후가 거의 끝나가고 있었다. 벌써 해가 빨갛게 지평선 가장자리에 머무르고 있었다. 날씨가 추워졌고 얼음판에서 울리는 소리가 들렸다. 이제 천둥이 치는 듯한 이 요란한 소리는 점점 커지면서 이 강변에서 저 강변으로 메아리쳤고, 점점 더 어두워지는 얼음판 위로 번져갔다.

로레는 몸을 뒤로 젖히고는 크게 소리 질렀다.

"놀라지 마! 그럴 필요 없어. 저녁 바람 소리일 뿐이야."

내가 낮은 목소리로 말했다.

그녀는 뒤돌아 보고는 당황한 듯 나를 응시하더니 말했다.

"너! 여기서 뭐하는 거야?"

"로레, 그렇게 화난 눈으로 보지 마!"

나는 그녀의 손을 잡으려 했으나 그녀가 손을 뺐다.

"바르텔은 어디에 있어?"

"호숫가에 남아 있어. 내가 연못을 지나 여기까지 밀고 온 거야."

그녀가 일어섰다. 두 눈에서 눈물을 흘리면서 말했다.

"날 내려 줘!"

나는 그녀의 말을 듣지 못한 척했다. 그리고 썰매를 마을 쪽으로 돌렸다.

"로레, 내가 너한테 뭘 어떻게 했는데?"

하지만 그녀는 동그랗게 말아 쥔 작은 주먹으로 내 가슴을 밀었다.

"고상한 너의 숙녀들한테나 가! 난 너희들하고는 관계를 맺고 싶지 않아. 너와도, 너희들 중 그 누구하고도!"

나는 갑자기 분노가 치밀어 올랐다. 나는 그녀를 두 팔로 붙잡고는 거칠게 썰매에 앉혔다.

"조용히 해, 로레!"

내 목소리가 떨렸다.

"그렇지 않으면 한 번 더 썰매를 돌려서 밤중에도 멀리 밀고 나갈 거야. 다리 밑을 지나고 강이 육지에 다다를 때까지. 얼음이 그대로 있든 깨지든 내겐 상관없어!"

그러는 동안 그녀는 내 말에는 거의 신경 쓰지 않는 것처럼, 옆쪽 연못 너머를 바라보고 있었다. 하지만 그녀는 썰매에 계속 앉아 있었고, 내가 밀고 가도 평안하게 내버려 두었다. 그녀가 곧 다시 은밀하게 옆쪽을 향해, 같은 곳을 보는 것이 내 눈에 들어왔다. 그래서 나도 그쪽으로 머리를 돌렸다. 누군가 스케이트를 탄 채 별로 멀지 않은 거리에서 우리를 향해 오고 있는 것이 보였다. 방금 있었던 일을 그가 알아차린 것이 틀림없었다. 왜냐하면, 그가 분명히 우리에게 도달하려고 애를 쓰고 있었기 때문이다.

이미 나는 그를 알 수 있었다. 크리스토프였다. 내 옛 소꿉친구, 라틴어 학교 학생들의 최대의 적. 나는 이제 무슨 일이 일어날지 잘 알고 있었다. 이제 중요한 것은 우리 중 누가 가장 빠른가이다.

"계속 가 봐! 크리스토프가 널 따라잡을 거야!"

그녀는 검은 머리가 드러날 정도로 작은 털모자를 뒤로 젖히며 말했다.

나는 대답할 수가 없었다. 지금까지보다 더 빨리 썰매를 앞으로 계속 밀었다. 하지만 곧 숨을 헐떡였고, 오랫동안 썰매를 밀어서 힘이 떨어지기 시작했다. 내 뒤에서 추격하는 크리스토프는 점점 더 가까이 다가오고 있었다. 쉬지 않고 말없이 그는 우리 발뒤꿈치까지 쫓아왔다. 이후 갑자기 내 옆에서 그의 스케이트가 얼음 위에서 날카롭게 멈추는 소리를 들었다. 그리고 육중한 손이 썰매 팔걸이 위의 내 손을 눌렀다.

"내가 반만 도울게. 필립!"

그가 다른 손으로 내 가슴을 잡으며 소리쳤다.

내가 그의 손을 뿌리치고 썰매를 계속 밀며 앞으로 나아갔으나 그가 우리보다 훨씬 앞서 날아갔다. 이와 동시에 나는 주먹을 한 대 맞고는 빙판 위에 뒤통수를 부딪치며 쓰러졌다. 썰매가 미끄러지며 빙판을 긁는 소리가 희미하게 들렸다. 그리고 나는 의식을 잃었다.

그래도 이런 상황이 오래 계속되지는 않았다. 나중에 내가 그에게서 들은 바에 따르면, 크리스토프가 그 즉시 내 쪽을 돌아보았고, 내가 뒤따라오지 않는 것을 알고는 우리가 다툰 곳으로 돌아왔다. 두 사람은 좀 당황했고 로레가 내린 후 나를 썰매에 태웠다. 나 자신은 이 모든 것에 대해 그저 깜깜한 느낌만 들었었다. 마치 백일몽을 꾸듯이 의식이 몽롱하면서 깨어 있는 것 같았다. 나는 가끔 그들이 나누는 대화 중 몇 마디를 들었다.

"그렇지만 넌 외투를 계속 입고 있어라, 로레!"

크리스토프의 목소리였다.

"아니야, 난 외투가 필요 없어. 난 달리고 있잖아."

그리고 동시에 어떤 따뜻한 것이 나를 덮어 감싸는 느낌을 받았다. 썰매는 서서히 앞으로 나아갔다. 그런 다음 다시 희미한 어스름처럼 내 의식이 몽롱해졌다. 그렇지만 마치 낮은 흐느끼는 소리가 내 옆에서 계속되는 것 같았다.

내가 완전히 의식을 되찾고 깨어난 곳은 연못 기슭에 사는 물레방앗간 주인의 거실 소파에서였다. 그 사이에 그녀를 데리러 온 어머니와 함께 로레는 집으로 돌아가야만 했다. 그러나 크리스토프는 남아 있었고, 방앗간 주인 아내의 조언에 따라 내 이마에 젖은 수건을 올리는 일에 집중하고 있었다. 내가 눈을 뜨자, 그는 내 옆에 있는 의자에 앉아 있었는데 물이 들어 있는 그릇을 무릎 사이에 올려놓고 있었다. 이제 그는 아마포 수건을 새로 바꾸려던 참이었다. 그는 손을 뒤로 빼고는 미안한 듯 물었다.

"내가 널 도와줘도 되겠지, 필립?"

나는 똑바로 앉아서 생각을 정리하려 애썼다. 머리가 아팠다.

"아니, 난 너의 도움 필요 없어."

"마을에 가서 누군가를 데려올까?"

"됐어, 그냥 가. 나 혼자 집에 갈게."

크리스토프는 주저하면서 일어나 탁자 위에 그릇을 놓았다.

그리고 곧 방문이 삐걱거리는 소리가 들렸다. 그는 문고리를 잡고 있었지만 떠나지는 않았다.

내가 몸을 돌리자, 진심으로 슬픈 표정을 한 옛 친구의 눈이 나를 향하고 있는 것을 보았다.

나는 잠시 결정을 내리지 못한 채 머뭇거리고 있었다.

"크리스토프!"

나는 마침내 일어서며 그에게 손을 내밀며 말했다.

"시간 있으면, 잠시만 더 내 옆에 머물러 줘. 네가 날 조금만 부축하면, 우리는 함께 시내로 갈 수 있을 거야."

기뻐하는 빛이 번개처럼 그의 얼굴 위로 퍼져갔다. 그는 내 손을 잡고는 흔들었다.

"그건 미안한 일격이었어, 필립!"

그가 말했다.

삼십 분 정도 지난 후 완전히 어두워졌을 때 우리는 천천히 걸어서 시내로 돌아갔다.

하지만 그 사건은 그렇게 쉽게 지나가지 않았다. 다음 날 아침 나는 침대에서 일어날 수가 없었고, 부모님께 빙판 위에서 심하게 넘어졌다고 고백했다.

그다음 날 저녁 내가 거의 회복이 되었을 때, 어머니가 사탕나무로 만든 필통을 내 앞 탁자 위에 올려놓았다.

"크리스토프 베르너가 가지고 왔단다. 그애가 널 위해 손수 만들었다고 하더라."

필통은 섬세하게 만든 것이었고 심지어 뚜껑에 작은 그림조각도 새겨져 있었다.

"그 애가 너의 상태에 대해서도 물어보았단다. 이제 그러면 너희들 옛 우정에 새로 도장을 찍은 거니?

어머니가 계속 말했다.

"도장을 찍었다고요, 어머니? 원하시는 대로 생각하세요."

나는 미소를 지으며 말했다.

그리고 어머니는 내가 사소한 모험담을 전부 고백할 때까지 몇몇 질문과 애정 어린 조언을 중단하지 않으셨다. 하지만 어머니가 말한 것처럼 라틴어 학교 학생과 목수의 도제 간에 다시 새롭게 우정이 시작되었다. 그때부터 일주일에 두 번씩 노련한 늙은 목수 베르너의 지도를 받으며, 최소한 수작업의 기본 바탕을 배우기 위해 정해진 시간에 그의 작업실에 갔다.

성의 정원에서

저기 지저귀는 개똥지빠귀
내 마음을 흔드는 봄,
생명은 대지에서 솟아나
사랑스럽게 자신을 드러내는 걸 난 느낄 수 있네.
인생은 꿈처럼 흘러가네,
나에겐 꽃처럼, 잎처럼, 나무처럼 흘러가네.

봄이 되었다. 사실 밤꾀꼬리가 봄을 알려준 것은 아니었다. 비록 이따금 한 마리가 우리 쪽으로 잘못 날아왔지만, 우리 해안에서 부는 북서풍이 그 새를 쫓아 보내버렸기 때문이다. 하지만 도시를 보호하면서 두 거리의 모서리에 있는 옛 성의 정원 가로수가 있는 길에서 개똥지빠귀가 지저귀고 있었다. 그 성의 출입구 맞은편, 넓은 시장 거리의 정원 뒤쪽 잔디밭에 어제부터 회전목마가 설치되어 있었다. 봄이 되었을 뿐만 아니라 일 년에 한 번, 일주일 동안 계속되는 연중행사인 대목 시장이 열렸기 때문이었다. 손풍금을 연주하는 거리의 악사들이 찾아왔고, 특히 하프를 연주하는 소녀들도 왔다. 빨간 모자를 쓴 학생들도 팔짱을 끼고 시장의 가게들을 둘러보며 기웃거렸다. 평소에는 우리 동네에서 보기 어려운 젊은 아시아계 아가씨들의 시선을 사로잡기 위해서였다. 다른 학교들과 마찬가지로 우리 라틴어 학교도 연중행사로 시장이 열리는 이 기간에는 자연스럽게 방학이었다.

나는 이 축제를 충분히 즐기고 있었다. 특히 얼마 전부터 고등학교 최상급생이 되어 빨간 모자 외에도 특별히 맞춘 검은 교복을 입고 다녔기 때문이었다. 이제는 항상 놀기 좋아하는 불량끼 있는 친구들이 음악과 춤을 즐기러 함께 모였던 곳, 불 켜진 시청 지하 술집의 계단 입구에 저녁마다 평소처럼 계속 서 있을 필요도 없었다. 내가 원하면 이제 스스로 내려가서 누구든지 간에 낯선 소녀들과 춤을 출 수도 있었다. 하지만 나는 바로 그 시기에 이따금 홀로 들판으로 나가서 돌아다니는 것을 좋아했다. 나는 언제라도 원하면 그들에게 갈 수 있다는 확신이 있었으며 이 모든 멋진 것들을 내 뒤에 남겨 놓은 채 혼자가 되어 즐길 수 있었다.

오늘도 역시 그런 식으로 흘러가고 있었다. 어느 정도 알려진 곤충학자인 아버지의 도움으로 나는 몇 년 전부터 지금까지 열정을 갖고 나비를 수집하고 있었다. 식사를 끝낸 후 내 방에 가서 이미 벽에 세 개나 걸려 있는 유리 상자 앞에 섰다. 오후의 태양 빛이 아르고스 나비의 파란 날개 위에서, 상복 같은 벨벳의 갈색 날개 위에서 유혹하듯이 반짝이고 있었다. 내가 계속 찾으려고 노력했지만 실패했던 나무딸기 나비를 발견하고 싶은 욕구가 다시 강하게 나를 엄습했다. 인적이 드문 조용한 숲속을 사랑하고 햇빛이 비치는 관목에서 쉬는 것을 좋아하는 이 아름다운 올리브 갈색의 작은 여름 나비는 나무가 적은 우리 지역에서는 보기 드문 종이었기 때문이다. 나는 못에 걸려 있던 채집망을 집어들었다. 그런 다음 내려가서 어머니에게 흰 빵을 가방에 넣고 물통에 포도주와 물을 채워 달라고 말했다. 그렇게 채비를 한 다음, 나는 곧 회전목마가 있는 곳을 지나 성의 정원 쪽으로 걸어갔다. 정원의 가로수 길은 이미 어린잎으로 그늘이 져 있었다. 그곳을 지나 정문의 건너편에 있는 문을 지나서 탁 트인 들판으로 나갔다. 밤에 비가 내려서 공기는 상쾌하고 맑았다. 나는 저 건너 높고 건조한 불모지 위의 지평선 끝자락에서 풍차 날개가 돌아가는 것을 보았다.

길은 성의 정원 바깥쪽을 따라서 짧은 거리로 이어지고 있었다. 이후 나는 되는대로 햇살이 내리쬐는 넓은 들판으로 나가는 들판 길이나 논두렁 길을 거닐었다. 눈길이 닿는 곳마다 토지를 에워싸고 있는 모래와 돌로 된 제방 위에는 가끔 드물지만, 야생 들장미 덤불이나 다른 관목숲이 있었다. 하지만 아침 일찍부터 거친 바닷바람이 아무런 방해도 받지 않은 채 불어오므로 나무의 새싹은 거의 잎을 피울 수가 없었다. 나는 먼 곳을 바라보느라 내 옆의 길가 잡초와 붉은 모시풀 사이로 하늘거리며 날아다니는 무언가를 보지 못한 채 편안한 기분으로 계속 거닐었다.

그렇게 내가 깨닫지 못하는 사이에 어느덧 오후 반나절이 지나갔다. 내가 물레방아가 있는 연못의 물가 풀밭에 앉아 소박한 간식을 먹을 때 시내로부터 4시를 알리는 종소리를 들었다. 서늘한 바람이 내 발 가까이 있는 어두운 큰 수면에서 나에게로 불어왔다. 잔잔한 물결이 일고 있는 호수를 바라보며 나는 잠시 감상에 젖었다. 지금 작은 물결이 이는 연못의 한가운데, 그곳에서 로레가 내게 그녀의 외투를 덮어주었을 때, 썰매가 있었던 곳이었다. 나는 한동안 지금은 도달할 수 없는 그 지점을 바라보았는데 물결이 일렁이고 있어서 내 눈은 애써 그 지점을 확인하려고 하고 있을 뿐이었다.

그렇지만 맞아, 나는 딸기나무 나비를 잡으러 왔잖아! 주변에 멀리까지 덤불도 없고 바람을 막아줄 만한 지점도 없는 이곳에서 나비를 발견하기는 어려웠다. 나는 몇 년 전 아는 형을 따라서 함께 새를 찾으러 다녔던 다른 장소를 생각했다. 그곳은 울타리 있는 목장의 담장마다 산사나무와 개암나무가 자라고 있었으며, 가시덤불 여기저기에 죽은 호박벌이 매달려 있었는데 자연의 섭리를 생각할 때 때까치들이 그런 짓을 한 것이 틀림없었다. 곧 우리는 새들이 직접 울타리 밖으로 날아오르는 것도 보았고, 울창한 잎 사이에서 갈색 반점의 알이 있는 둥지도 발견하기도 했다. 어쩌면 이러한 덤불이 비밀스럽게 지켜주는 그곳에 희귀한 작은 여름새의 제국이 있었을지도 모른다! 그때 함께 갔던 형은 그 지역을 '지에트란트'라고 명명했는데, 그것은 아마 저지대라는 그런 의미를 담고 있었을 것이다. 하지만 그 지에트란트가 어디에 있었지? 오늘 내가 그런 것처럼 당시 우리는 같은 방향으로 시 밖으로 나갔고, 시에서 1마일 정도 떨어진 곳에서 시작되는 넓은 황무지에서 멀지 않은 곳에 있었다는 것만 생각났다.

몇 번 더 곰곰이 생각한 후, 나는 바닥에서 채집망을 집어 들고 다시 걷기 시작했다. 여기 강들이 함께 모이는 절벽 사이의 협곡을 지나 저 멀리 내 앞에 놓여 있는 평원을 한눈에 내려다볼 수 있는 곳까지 올라갔다. 그렇지만 쨍쨍한 봄 햇볕에 반짝이고 있는, 민둥산의 평평한 모래 제방 외에는 들판과 들판 사이에 아무것도 볼 수 없었다. 이후에 나는 결국 황무지 주변에 주로 모여 있는 집들을 향한 그 방향에서 덤불 숲 같은 것을 발견했다. 그곳까지 가는 데 최소한 반 시간은 걸릴 것 같은 거리였다. 하지만 나는 오늘 걷고 싶은 마음이 있었기 때문에 힘차게 그곳을 향해 걸어가기 시작했다. 여기저기에서 노랑나비나 하얀 버섯나비가 내가 걷는 길 위로 날아올랐고 회색 범나비들도 풀밭 위로 날아다녔다. 하지만 딸기나무 나비는 흔적도 없었다.

그렇지만 내가 이미 저지대에 있음이 틀림없었다. 공기의 흐름이 점점 더 잠잠해졌고, 또 내가 빽빽한 산사나무 울타리 사이를 벌써 한동안 걷고 있었기 때문이다. 미풍이 불어올 때 나는 몇 번 강렬하면서 사랑스러운 냄새를 맡았지만, 그 원인을 알 수 없었다. 내 옆의 무성한 덤불이 시야를 가리고 있어서 건너편을 볼 수 없었기 때문이다. 그때 갑자기 오른쪽으로 제방이 다시 올라와 있었다. 그리고 내 앞에 언덕이 많은 작은 황무지가 놓여 있었다. 나무딸기 넝쿨과 월귤나무 덤불이 여기저기 그 땅을 덮고 있었다. 그런데 검은 물웅덩이 중간에 날씬한 나무 한 그루가 너무도 밝은 햇빛을 받으며 홀로 서 있었다. 나무를 완전히 뒤덮고 있는 눈부신 초록 잎사귀들 사이로 곳곳에서 연약하면서 하얀 꽃송이들이 모습을 드러내고 있었다. 나무 꼭대기에서 들리는 꿀벌의 쉴 새 없는 윙윙거림은 마치 하프를 연주하는 소리처럼 들렸다. 나는 시내에 있는 정원이나 멀리 떨어진 숲에서도 그와 비슷한 나무를 본 적이 없었다. 나는 너무나도 놀란 눈빛으로 그 나무를 응시했다. 마치 기적처럼 그 나무는 이러한 고독 속에 서 있었다.

좀 더 나아가자 몇몇 빈약한 밭이 나오더니 다시 끝없는 갈색의 황무지가 펼쳐졌다. 지평선의 가장 끝에 있는 경계선이 허공에서 떨고 있었다. 내 시야에 들어오는 한에서는 사람 한 명, 동물 한 마리 볼 수 없었다. 나는 작은 웅덩이 옆의 아름다운 나무의 그늘 밑에서 풀

속에 누웠다. 혼자 있다는 너무도 달콤한 은밀한 감정이 나에게 몰려왔다. 나는 멀리서 종달새의 부드럽고 꿈꾸는 듯한 노랫소리를 듣고 있었다. 내 위에서는 꽃에서 꿀벌들이 붕붕거리는 소리가 울렸다. 이따금 바람이 불어 향기로운 냄새가 구름처럼 내 주위에 밀려왔다. 그 외에는 아주 멀리까지도 정적 속에 잠긴 듯 고요했다. 나는 웅덩이 주위로 나비가 나는 것을 보았다. 하지만 개의치 않았다. 채집망은 한가하게 내 옆에 놓여 있었다.

나는 얼마 전에 보았던 그림을 생각했다. 이곳처럼 넓고 끝없는 황야에 젊은 양치기가 지팡이에 몸을 기댄 채 서 있는 그림이었다. 우리가 천지창조 이후의 사람들을 떠올릴 때 대개 상상할 수 있듯이, 야생염소 가죽을 앞치마로 허리에 두르고 있는 그림이었다. 양치기의 발 근처에는 아름다운 한 소녀가 앉아 있었다 - 그는 그 소녀를 내려다보고 있었다 -. 그 소녀의 크고 검은 눈은 축복받은 평온함 속에서 동트는 새벽의 고독을 내다보고 있었다. 그 그림 밑에는 '세상에 혼자서'라고 적혀 있었다. 나는 눈을 감았다. 마치 이 두 번째 존재인 소녀가 비어 있는 공간에서 내게로 다가오는 것 같았다. 그녀와 함께라면 모든 욕망이 중단되고, 싹트는 모든 그리움이 조용해질 것 같았다. 로레! 나는 속삭이듯 말하며 허공을 향해 팔을 뻗었다.

그러는 동안에 해가 졌고, 황무지 위에는 석양의 저녁노을이 빛나고 있었다. 나무는 침묵하듯 조용했다. 꿀벌들이 이제 나무를 떠났기 때문이다. 이제 집으로 돌아갈 시간이었다. 내 손은 채집망을 집어 들었다. 그렇지만 이 아이들 장난감 같은 것이 이제 나와 무슨 상관이 있단 말인가? 나는 내가 할 수 있는 한 높이 뛰어올라 잎들이 무성한 나뭇가지 사이에 채집망을 걸었다. 그런 다음, 재단사 딸의 아름다운 모습을 도취한 내 눈앞에서 그리면서 천천히 집으로 향했다.

내가 성의 정원 문을 나올 때, 어스름이 밀려왔다. 건너편 회전목마에는 이미 램프 불이 켜져 있었다. 손풍금 소리, 웃는 소리, 사람들이 웅성거리는 소리가 내가 있는 방향으로 들려왔다. 그런 중간중간에 목마의 쇠로 된 고리에서 덜거덕거리는 소리도 들렸다. 나는 걸음을 멈추고 그곳을 둘러싸고 있는 보리수나무 사이로 회전목마가 움직이는 모습을 보았다. 회전목마의 좌석은 꽉 차 있었다. 그리고 남녀노소를 불문하고 많은 구경꾼이 주위에 둘러서서 서로 밀치고 있었다. 하지만 이때 목마의 움직임이 차츰 느려지면서 나는 초록 나뭇가지 아래로 한 사람 한 사람의 얼굴을 분명하게 알아볼 수 있었다.

그러는 사이 나는 무의식적으로 가까이 다가가서 주위에 세워져 있던 철조망까지 나아갔다. 그곳의 갈색 목마에 앉아 있는 소녀는 내 친구 크리스토프의 여동생이었다. 하지만 목마를 탄 고운 소녀가 한 명 더 있었다. 그 소녀는 목마 위에 비스듬하게, 별 관심 없는 듯이 앉아 있었다. 그리고 회전목마는 천천히 내 쪽으로 가까이 돌고 있었는데 그녀는 머리를 돌리고 미소를 지으며 모여 있는 사람들을 둘러보았다. 그녀는 로레였다. 나는 너무 놀라서 사지에 전율이 오는 것 같았다. 그녀 역시 나를 알아차렸다. 하지만 당황한 것처럼 그녀의 눈은 몇 초 정도만 내 눈과 마주쳤다. 그런 다음 그녀는 옆으로 몸을 굽히고는 옷차림을 가다듬었다. 그녀가 작은 주먹으로 쥐고 있는 무거운 철 손잡이는 고리가 끝까지 채워져 있었다.

그러는 사이에 회전목마 주인이 새로운 손님들을 받기 위해 다가섰다. 그녀는 일어서서 강철봉을 그에게 내밀었다.

"이번에는 무료에요."

그녀가 그것을 뒤집어 남자의 손에 고리를 떨어뜨리면서 말했다.

그는 머리를 끄덕였고 몇 명의 아이들이 좋은 자리를 차지하려고 언쟁하고 있는 다음 좌석으로 갔다. 내가 그곳에서 다시 로레 쪽으로 돌아보았을 때는 크리스토프의 여동생이 로레 옆에 서 있었다. 그렇지만 그녀는 내 쪽으로 등을 돌리고 있어 나를 알아채지 못한 것 같았다.

"함께 가지 않을래, 로레? 난 이제 집으로 가야만 해."

그녀가 로레를 향해 물었다.

로레는 즉시 답변하지 않았다. 그녀는 확실치 않은 눈빛으로 나를 바라보고 있었다. 나는 움직이지 않았다. 하지만 내 눈은 그녀의 시선에 응답하고 있었다. 그리고 나 자신도 거의 알아들을 수 없을 정도로 속삭이듯이 입을 열었다.

"계속 여기에 있어!"

크리스토프의 여동생이 밀어붙이듯 말했다.

"말해봐! 이미 8시를 알리는 소리가 들렸어."

로레는 발을 떼어 놓았던 말 등자(鐙子)에 작은 발을 다시 끼우고, 시선은 나를 향한 채 응답했다.

"난 좀 더 있을게. 계속 타고 싶어!"

그리고 낮은 목소리로 덧붙였다.

"어쩌면 우리 엄마도 여기 오실지 몰라!"

나는 그것이 거짓말이라고 느꼈다. 순간 끓는 듯한 피가 위로 치솟아 얼굴이 빨개졌다. 내 귀도 윙윙거렸다. 저 귀여운 거짓말쟁이가 갑자기 비밀의 베일을 우리 둘에게 드리운 것이다. 그렇게 황홀한 허락을 받아낸 것은 내 삶에서 처음이었다. 아직도 나는 세상에 그런 것이 어떻게 가능했는지 이따금 생각하곤 한다.

크리스토프의 여동생이 점점 멀어져 갔다. 다시 손풍금 연주가 시작되었고, 채찍이 늙은 말 위에서 철썩 소리를 냈다. 그 사이 대부분의 자리를 채운 남녀 농부들의 환호성 속에 회전목마가 다시 움직이기 시작했다. 로레가 나를 향해 돌아보았다. 말안장 단추에 철로 된 봉을 꽂은 채, 마치 생각에 잠긴 듯이 손을 무릎 위에 올리고 앉아 있었다. 그녀의 목에 두른 빨간 작은 스카프가 바람에 나부끼고 있었다. 점점 회전이 빨라지면서 그 가냘픈 모습이 내 옆을 스쳐 지나갔다. 내가 그녀의 시선을 채 느끼기도 전에 그녀는 벌써 멀어져 갔고, 그녀가 입은 밝은색 옷만 흐릿한 램프 불빛 속에서 도망치듯 몇 번 나타났다가 사라졌다. 갑자기 우지끈하는 소리가 났다. 자리에 앉아 있던 소녀들이 비명을 질렀고, 회전목마가 멈춰 섰다.

"손님 여러분, 그대로 계속 앉아 있으세요."

목마 주인이 조수와 함께 고장 난 곳을 살펴보기 위해 대들보 위로 올라가며 말했다. 전등 하나가 아래로 내려왔고, 두드리는 망치질이 시작되었다. 하지만 금방 끼워 맞춰질 것으로 보이지는 않았다. 나에게는 그 시간이 너무나도 길게 느껴졌다. 내 눈은 목마를 탄 그녀를 찾고 있었다. 내가 갇혀 있던 군중들에게서 빠져나와 밖으로부터 그곳의 맞은편으로 갔다. 내가 부탁도 하고 힘으로 밀기도 하면서 장애물을 빠져나왔을 때, 나는 그녀의 바로 옆에 서 있었다. 그녀는 목마에서 내려와 누군가를 찾는 듯 주변을 둘러보고 있었다.

잠시 후 그녀는 장난하듯이 손에 쥐고 있던 쇠로 된 봉을 다시 말안장의 구멍에 꽂고는 뛰어내리려고 했다. 하지만 그녀가 옷을 함께 모아 움켜쥐는 동안에 나는 원형으로 된 그곳으로 미끄러지듯 들어갔다.

"안녕, 로레!"

"안녕!"

그녀가 낮은 목소리로 말했다.

그 이후 청년들이 점점 더 큰소리로 요금 환불을 요구하는 동안,

나는 그녀의 손을 잡고 함께 빈 곳으로 나왔다. 그렇지만 내 대담한 행동은 여기까지가 끝이었다. 로레가 나에게서 자신의 손을 빼냈다. 그리고 우리는 말 없이 나란히 거리를 걸어갔는데 그 도로의 가장 끝에 그녀의 부모님 집이 있었다. 우리가 성의 입구에 도달했을 때, 도로 쪽에서 무리 지은 사람들이 우리 쪽으로 오고 있었다. 그 사람들의 큰 목소리에서 나는 제멋대로 떠드는 몇몇 동급생들의 목소리를 알아차렸다. 무의식적으로 우리는 멈추어 섰다.

"성의 정원을 지나서 가자!"

내가 말했다.

"너무 멀어!"

"아니, 그렇게 멀지는 않아!"

그래서 우리는 입구를 지나 폭이 넓은 길로 내려갔다. 그 길은 낮은 가시 울타리 사이를 지나 무성하게 자라 있는 나무 그늘 길로 이어졌다. 그러나 울타리 뒤에는 나무가 없는 경작된 밭이었기에, 갑자기 시작되고 있는 어둠 속에서도 내 옆에서 걷고 있는 그녀의 모습을 관찰하는 데는 방해가 되지 않았다. 지금 그녀가 정말 이런 한적함 속에서 내 가까이 있다는 사실이 내게 전율을 느끼게 했다.

이 오래된 공원 안에 우리 외에는 아무도 없는 것처럼 보였다. 너무 고요해서 매번 모래 위를 걷는 발소리까지 모두 들을 수 있을 정도였다.

"너, 내 손을 잡지 않을 거니?"

내가 물었다.

그녀는 머리를 저었다.

"왜?"

"안 돼. 만약 누군가가 오기라도 하면!"

우리는 아치 모양의 너도밤나무 길에 이르렀다. 그곳은 매우 어두웠다. 길 양쪽으로 약간 거리를 둔 채 비슷한 모양의 나무 그늘 길들이 나 있었다. 그리고 그 사이에 있는 잔디밭에는 뚫고 나아가기 힘들 만큼 짙은 그늘이 져 있었다. 나는 로레가 내 곁에서 걷고 있다는 사실만은 알고 있었다. 그녀의 숨소리와 가벼운 발걸음이 들렸기 때문이다. 그렇지만 그녀를 볼 수는 없었다. 장난이 하고 싶은 차에 갑자기 내가 오후에 나비 한 마리를 찾으러 나섰던 일이 머리에 떠올랐다.

"하지만 이제 네가 잡힌 거야!"

나는 어둠을 틈타 용기를 얻어, 그녀가 늘어뜨린 손을 꽉 잡았다. 그녀는 저항하지 않고 가만히 있었다. 하지만 나는 그녀가 얼마나 떨고 있는지 느낌이 왔다. 그리고 내 심장도 고동치며 목구멍까지 올라와 있었다.

그렇게 우리는 천천히 계속 걸어갔다. 시내 쪽에서 약한 손풍금 소리와 연중행사인 대목장의 계속되는 소음이 들려왔다. 우리 앞 가로수 길 멀리 끝자락에 황금빛 저녁노을이 한 조각 아직도 남아 있었다. 나는 그녀의 손을 내 팔에 얹은 다음 다시 쥐었다. 이 순간 우리 앞의 길 위로 무언가가 총총걸음으로 지나갔다. 어쩌면 생쥐를 사냥하던 고슴도치였을지도 모른다. 그녀가 놀라서 약간 움츠리더니 내 쪽으로 몸을 가까이 붙였다. 그리고 내가 거의 무의식적으로 팔로 그녀를 감쌌을 때, 그녀의 작은 머리가 내 어깨로 기대는 것을 느꼈다.

그런 다음 아주 짧은 순간 두 사람의 입술과 입술이 서로 접촉했지만, 그때 우리는 애석하게도 나무 그늘을 벗어나 곧 밝은 공터가 있는 곳으로 나오게 되었다. 나는 여전히 그녀의 손을 잡고 있었으며 우리는 가로수 길 끝에 이르렀고 성문을 지나 들길로 나왔다. 그 들길은 시내의 마지막 집들이 있는 쪽으로 향해 있었다. 우리는 마치 함께 있는 것을 빨리 끝내지 않았다고 느낀 듯이 서둘러 함께 걸었다.

"아버지가 나를 찾고 있으실 거야. 이미 너무 늦었어!"

로레가 쳐다보지 않고 말했다.

"나도 그렇게 생각해!"

내가 그렇게 대답하며 우리는 걸음을 전보다 더 빨리했다.

벌써 우리는 도로의 마지막 집들이 보이는 길의 끝에 다다랐다. 나는 보리수나무 아래 재단사의 작은 집 창문 밖으로 비치는 불빛 속에서 한 소녀가 우물가에 서 있는 모습을 보았다. 나는 이제 함께 계속 가서는 안 되었다. 하지만 로레가 거리의 포장도로 위에 발을 디딜 때, 그렇게 그녀를 나에게서 떠나보내서는 안 될 것 같다는 느낌이 들었다.

"로레, 너에게 뭔가 할 말이 있어."

나는 가슴이 답답해서 말했다.

그녀가 한 걸음 뒤로 물러났다.

"무슨 말인데?"

그녀가 물었다.

"잠깐만 기다려!"

그녀가 몸을 돌리고 나를 향해 조용히 서 있었다. 나는 그녀가 손으로 머리를 쓰다듬고, 작은 스카프를 더 단단히 목에 매는 소리를 들었다. 그러나 나는 마치 어두운 안개처럼 내 눈앞에 떠다니는 생각을 가다듬으려고 노력했지만 헛수고였다.

"로레, 너 혹시 아직도 나에게 화가 나 있니?"

이윽고 나는 말했다.

그녀는 바닥을 내려다보며 머리를 저었다.

"내일 다시 여기에 오겠니?"

그녀는 잠시 주저하다가 말했다.

"난 평소에는 저녁에 외출 허락을 받지 못해."

"로레, 거짓말하고 있지? 그건 아니잖아. 내게 진실을 말해 줘!"

나는 그녀의 손을 움켜잡았다. 하지만 그녀가 다시 빼냈다.

"제발 말해 줘, 로레! 말하고 싶지 않은 거니?"

한동안 그녀는 침묵하면서 서 있었다. 그런 다음 눈을 들어 나를 응시했다.

"난 알고 있어. 너는 언젠가는 저 고상한 숙녀들 중의 한 명과 결혼할 거잖아."

그녀가 낮은 목소리로 말했다.

나는 갑자기 침묵할 수밖에 없었다. 이 반박에 대해 나는 할 말을 찾지 못했다. 그런 엄청난 일에 대해서는 결코 한 번도 생각해 본 적이 없었기 때문에 아무런 답변을 할 수가 없었다.

그리고 내가 그것에 대해 준비하기도 전에 소녀가 조용한 목소리로 "잘 가!"라고 인사하는 말을 들었다. 곧이어서 난 그녀가 건너편 집들의 그늘 속에서 사라지는 것을 보았다. 집 현관문을 조심스럽게 미는 소리와 조용히 문고리를 흔드는 소리도 들었다. 이후 나는 몸을 돌려 성의 정원을 지나 천천히 돌아갔다.

나는 저녁을 먹으러 부모님이 계신 거실로 가지 않고, 조용히 계단을 올라가 내 방으로 갔다. 술에 취한 것처럼 나는 침대 위로 몸을 던졌다. 15분쯤 뒤 방문이 열리는 소리를 들었고, 반쯤 뜬 눈으로 어머니가 램프를 들고 침대로 걸어오는 모습을 보았다. 어머니는 내 위로 몸을 굽히셨다. 하지만 나는 눈을 감고 계속 꿈속에 잠겼다. 약간 미흡한 약속을 한 채, 헤어졌음에도 불구하고 마치 내 삶에서 새로운

생이 이제 시작되는 장미 꽃다발을 손에 쥔 듯한 느낌이었다.

하지만 이날 저녁에 나는 혼자 있고 싶은 충동을 강하게 느꼈고, 다음 날 아침에는 똑같은 충동이 사람들 속으로 나를 몰아넣었다. 자유와 우월감이라는 새로운 감정을 내 속에서 느꼈는데, 그것을 다른 사람들에 대해서도 느껴보고 싶었기 때문이다. 아침을 먹자마자 나는 어머니의 불편한 질문에 충분치 않은 대답을 적당히 한 후, 친구 크리스토프의 작업장으로 갔다. 그는 작은 마호가니 무늬 목재를 선별해서 자르는 일을 열심히 하고 있었다.

"그기에서 어떤 멋진 걸 만들고 있는 거야?"

내가 물었다.

"바느질 상자야."

그가 쳐다보지 않은 채 말했다.

"바느질 상자? 누구를 위한 거야?"

"로레 보르가르, 내 여동생이 걔한테 생일 선물로 주길 원해."

나는 그를 옆에서 쳐다보았다. 거만한 미소가 내 안에서 올라왔다.

"로레가 아마 너에게는 보물같은 존재구나. 크리스토프?"

이 부정한 질문 때문에 선한 청년의 각진 얼굴이 마치 피를 뒤집어쓴 듯 이마까지 붉어졌다. 그 자신도 당황함을 넘어서서 분노에 빠진 것 같았다.

"너희들은 그때 너희들 라틴어 학교 학생들의 댄스 교습에 그녀를 참여시키지 말아야 했어!"

합판 조각 위로 격노하여 칼을 그으면서 그가 말했다.

"크리스토프, 너 혹시 질투하는 거야?"

내가 물었다.

하지만 그는 내게 대답하지 않고 반쯤 혼자서 중얼거렸다.

"그런 건 내 여동생이나 하겠지!"

나의 승리는 고작 그것이 내게 유일한 전부였다. 왜냐하면, 다시 로레와 단둘이서 만나보려고 노력했지만, 헛수고였기 때문이다. 사실 여름 동안에 일요일 오후 정원 뒤에서 그녀와 몇 번 우연히 마주치기는 했지만, 그때마다 크리스토프와 그의 여동생이 로레와 함께 다녔다. 크리스토프는 너무나도 거만하고 도전적으로 그녀 옆에 붙어서 걸어 다녀서, 마치 그가 그녀를 위해서라면 라틴어 학교 학생 모두와도 싸우려는 기세였다. 로레 자신도 내가 그들에게 말을 걸려고 하면 분명하게 그들 남매를 부추겨 계속 길을 가려고 했다.

나중에 성 미하엘 시장이 열리기 시작되고 회전목마가 다시 운행되었을 때, 나는 한 번 더 희망을 품었다. 어스름이 깔리면서 저녁이 되면 그때마다 바로 나는 그 장소에 나갔다. 밖으로 나가기 위해 항상 새로운 핑계를 대는 나에게 프리츠는 많은 짜증을 냈지만 말이다. 그렇지만 가끔 나타나는 회전목마를 타는 소녀들 사이에서 날씬한 갈색 피부의 로레를 찾으려고 살폈지만 헛수고였다. 나는 성의 어두운 가로수 길을 외롭게 거닐었으며 달아나 버린 행운에 대한 추억을 소진하면서 비참하게 지내고 있었다.

하지만 겨울이 시작될 때쯤 이 모든 것은 갑작스럽게 끝을 맺게 되었는데 아버지의 뜻에 따라 내가 고향 학교를 떠나 독일 중부에 있는 어느 상급학교에 가야 했기 때문이다. 내 나비 채집망은 아직도 그 황무지 끝자락의 잎이 많은 나무 위에 걸려 있을까? 알 수 없다. 내가 그곳에 다시 가보지 않았기 때문에. 난 딸기 나비도 역시 아직까지도 잡지 못했다.

대학에서

그 이후 많은 세월이 흘렀다. 나는 수도원 같았던 기숙사 생활의 압박이 끝나자, 처음으로 부모님 댁에서 가을의 몇 주일을 보내게 되었다. 고향의 보금자리에서는 내 동기 중에 크리스토프만 남아 있을 뿐이었다. 그밖에는 프리츠를 비롯한 다른 아이들 모두가 이미 외지로 떠나고 없었다. 예를 들어, 쾌활한 대학 생활 속으로, 넓은 바다 세계로, 어느 상인의 어두운 사무실로, 혹은 그곳이 어디든 선택과 상황이 그들을 이끄는 곳으로 모두 떠났던 것이다.

땅딸막하지만 당당한 체격의 젊은 청년으로 성장한 크리스토프도 고향을 떠날 준비를 하고 있었다. 그는 수련 기간을 거쳐서 이제 기능사가 되어있었고, 더 많은 것을 배우기 위해 떠나고자 했다. 하지만 그에 앞서 우리는 한 번 더 그의 아버지의 작업실에서 함께 작업했다. 나와 함께 대학으로 가게 될 엄청난 담배 상자가 우리가 노력한 결과물이었다. 내가 어머니에게서 들은 바로는 강건했던 보르가르 부인이 일 년 전에 갑자기 돌아가셨으며, 그 딸은 곧 작은 시골의 대학 도시가 있는 미혼의 늙은 친척 아주머니댁으로 이사했다는 소식이었다. 그 친척 아주머니가 그녀를 자신의 얼마 안 되는 재산의 법적인 유일한 상속인으로 지정했다는 내용도 있었다. 보리수나무가 있는 그 빈약한 작은 집은 모친이 돌아가신 뒤 빚 때문에 팔렸고, 프랑스 재단사는 다른 뛰어난 재단사의 양복점에서 월급을 받으며 생계를 꾸려 나가는 것이 그나마 만족스러운 일이라고 했다.

나는 어느 일요일 오후에 교회의 뜰 구석에 있는 벤치에 앉아 있는 그를 만났다. 날카롭게 튀어나온 광대뼈 위의 피부는 예전보다 더 노란색이 되어있었다. 그의 검었던 머리카락은 완전한 회색으로 변했다. 그는 기침을 하고 있었지만, 햇빛이 그에게 도움이 되는 것처럼 보였다.

"아, 무슈 필립!"

나를 알아보자 그가 외쳤다. 그리고 낯익은 옛날 도자기 담뱃갑을 움켜쥐고 있으면서 뼈가 앙상한 긴 손의 두 손가락을 내밀었다.

"그때는 지금과는 다른 좋은 시절이었지요, 무슈 필립!"

그는 한숨을 쉬며 계속 말했다.

"늙은 마누라는 자기로 된 한 벌의 접시들과 함께 저기 검은 십자가 밑에 묻혔지요, 그리고 그 아이는, 로레는……."

그는 몇 번 딸꾹질을 했고 독한 코담배를 집어 들었다.

"당신도 아마 들었겠지요! 그 아이는 원하지 않았어요. 가련한 아빠를 혼자 내버려 두길 원치 않았거든요. 내가 강제로 그 아이의 작은 손을 내게서 뿌리쳐야만 했지요. 하지만 그게 다 무슨 도움이 되겠습니까! 그 아이도 자기의 행복을 찾아야만 했거든요!"

그는 머리를 떨구고서 손을 무릎 위로 축 늘어뜨렸다.

"다음에 그 아이의 편지를 당신께 보여드릴게요!"

그렇게 다시 말을 시작했다.

"당신도 알게 될 거예요, 무슈 필립. 당신은 배운 사람이잖아요! 너무도 사랑스러운 그 철자들, 그 모든 사랑스러운, 착한 말들, 후작 부인이라 하더라도 그보다 더 잘 쓸 수는 없을 거예요."

그는 내가 그를 떠날 때까지 그렇게 한동안 더 계속 말했다.

나는 그 후 프랑스 재단사를 다시 보지 못했다. 왜냐하면, 며칠 뒤에 외국 대학에서 법률 공부를 시작하기 위해 나는 떠났기 때문이었다. 그와 만난 사실에 대해 어머니께 말씀드렸는데 반년 뒤 어머니가 내게 편지로 알려오기를 루드비히 16세의 궁정 화부의 손자인 무슈 보르가르도 검은 십자가 아래에 잠들 자리를 찾았다는 내용이었다.

3년 뒤에 나는 국가고시를 치기 전에 법률에 정해진 기한을 수료하기 위해 시골의 국립대학에 있었다. 하이델베르크에서 마지막 학기를 함께 했던 프리츠도 이듬해 가을에 돌아오고자 했다. 크리스토프는 대학에 다녔었고 어느 큰 가구점의 1급 기술자가 되어있었다. 나는 어느 날 오후 공원에서 그와 마주쳤다. 그곳에서 그는 혼자 생맥주집 앞에서 한 잔 시켜놓고 앉아 담배 연기를 뿜어대며 생각에 잠겨 있는 듯했다. 짙은 금발 구렛나루와 서민풍의 말쑥한 옷차림 때문에 나는 아주 가까이 가서야 비로소 그를 알아보았다. 내가 말없이 손을 그의 어깨 위에 올리자, 그는 재빨리 머리를 돌리고 도전적으로 나를 살펴보았다. 왜냐하면, 내가 지금은 색깔 있는 모자를 쓰고 있진 않았지만, 추측하건대 여전히 그의 사랑을 받지 못하는 라틴어 학교 사람에 속하기 때문이었다. 하지만 나를 보자마자 즉시 그의 눈에는 너무나도 반갑고 놀라워하는 기색이 드러났다.

"필립! 너 맞지, 그렇지?"

내가 내민 손을 거의 소녀처럼 수줍어하면서 쥐고는 더욱 힘차게 흔들며 그가 말했다. 우리들은 함께 오랫동안 이야기를 나누었다. 우리의 고향에 관해, 부모님과 동년배 친구들에 관해, 그런 다음 나는 저 운명적이었던 연못에서의 스케이트 사건이 기억나서 우리에게 공통되는 소년 시절의 사랑에 대해서도 물었다. 아직 로레는 귀족계급 가정에 바느질 일을 다니는 친척 아주머니와 함께 살고 있었다. 하지만 크리스토프는 이 질문에 대해 답변하면서 말수가 점점 줄어들었고, 마침내는 약간 서두르듯이 다른 방향으로 대화를 바꾸려고 했다. 내가 고향의 먼지와 함께 벌써 오래전에 내게서 떨쳐내었다고 믿고 있는 그 아름다운 소녀라는 사슬을 그는 자신의 성실한 심성 속에 여전히 지니고 있는 듯했다.

그런데 내가 그 점에 대해 잘못 생각하고 있었던 것 같다. 그 뒤 얼마 후에 나는 친하게 지내는 숙녀들과 그 도시가 접하고 있는 바다의 만(灣) 건너편에 있는, 당시에 인기가 많았던 유원지에 갔었다. 오후 시간이 끝나 날이 저물어, 우리는 돌아갈 배를 알아보기 위해 해안을 걸어 내려갔다. 보트 두 척이 이미 승객이 거의 다 찬 채 출발할 준비를 하며 정박해 있었다. 우리한테서 약 30걸음 정도 떨어진 다른 배 옆에, 이따금 하숙집 주인의 거실에서 보았던 거동이 불편했던 나이 든 여인이 눈에 띄었으며 그 옆에 있는 아름다운 아가씨의 모습도 눈에 들어왔다. 그녀는 벌써 배의 끝자락에 발을 내딛고 있었고, 배에 막 승선하려는 것처럼 보였다. 하지만 그녀가 머리를 우리 쪽으로 돌렸을 때, 갑자기 주저하듯이 멈추어 섰다. 이국적인 검은 두 눈, 오랫동안 보지 못했지만, 예전에 본 적이 있는 그 눈이 내 눈과 마주쳤다. 나는 이제 그녀가 로레 보르가르트임을 알게 되었다. 그녀는 키가 더 컸고, 갈색 뺨 아래에서는 완전한 순결성을 암시하는 듯한 홍조가 반짝이고 있었다. 그녀에게는 내가 의식하지 못하는 사이에 한때 소년의 마음을 앗아갔던 그 특유의 우아한 자연스러움이 여전히 남아 있었다. 내 안에서는 뜨거운 열정이 끓어올랐다. 나는 내 옆의 숙녀들을 거의 완전히 잊고 있었다. 그 검은 눈동자가 내게 자신을 바라보라고 청하는 것 같았기 때문이다. 나이 든 그 바느질하는 여인이 그녀에게 말을 건네고, 사공이 아주 예의 바르지는 않은 말투로 승선할 것을 종용하는 소리를 들었다. 하지만 가냘픈 자태의 그녀는 여전히 꼼짝도 하지 않고, 꿈에서처럼 눈은 나를 향한 채 서 있었다.

나는 알 수 없는 어두운 자연의 완력에 쫓기듯이, 이미 그 보트를 향해 몇 발자국 걸어가고 있었다. 하지만 나는 자제했다. 크리스토프를 생각했다. 그의 성실한 파란 눈이 갑자기 나를 응시하고 있는 듯 느껴졌다.

“저 배에는 우리 모두가 앉을 수 있는 자리는 없는 것 같군요.”

나는 숙녀들에게 말했다. 그런 다음 우리는 옆쪽으로 다른 배를 향해서 물가를 따라 걸어갔다. 그러나 나는 한 번 더 로레를 향해 돌아보아야만 했다.

그녀는 머리를 가슴 쪽으로 떨군 채 천천히 갑판을 지나 움직임 없는 물 위에 뜬 채, 금빛 석양 속에 있는 배 안으로 막 들어서고 있었다.

집으로 돌아오는 항해 도중에 나는 말 없이, 마음속으로는 흥분한 상태에서 조종키를 잡고 있었다. 젊은 여성들이 자신들의 수다에 나를 끌어들이려고 했지만, 헛수고였으며 그동안 내 눈은 우리에게서 꽤 멀리 떨어져서 나아가고 있는 다른 배 안의 다른 사람에게 머물고 있었을 것이다.

“당신, 오늘 정말 쓸모가 없군요! 우리 집의 아름다운 바느질 담당 여인이 당신을 말못하는 벙어리로 만든 것 같군요!”

한 여인이 말했다

“로레가 당신 집의 바느질 일하는 여인이라구요?”

나는 아직도 반쯤 생각이 잠긴 채 물었다.

“로레! 대체 그녀 이름이 로레라는 걸 어떻게 아세요?”

“우리는 같은 마을 출신입니다. 무도교습실에서 나의 첫 마주르카를 그녀와 함께 추었죠.”

“그랬군요! 그녀는 지금도 역시 대학생들과 즐겨 춤을 춘다는 소문이 있던데요.”

로레에 대한 우리의 대화는 여기서 끝났다. 하지만 나는 그때 크리스토프가 무슨 이유로 이야기를 하고 싶어 하지 않았는지를 알게 되었다.

그럼에도 불구하고 나중에 나는 이번 겨울에 몇 번이나 공공장소에서 크리스토프가 로레와 함께 있는 것을 보았으며 대부분은 몸이 쇠약한 마리 혹은 노부인과 함께였다. 그 노부인은 가련한 프랑스 재단사가 죽기 직전에 그의 마음의 보석을 빼앗아간 친척 아주머니임이 분명했다.

새해가 된 후 몇 주가 지난 어느 날 저녁에 나는 내 하숙방 앞에서 거리 위의 소란스러운 소리를 들었다. 내가 창문을 열자, 집 옆을 지나가는 무리 중 여기저기에서 붉은 학생모가 보였다. 이윽고 나는 가로등 불빛으로 우리 대학 건물 관리인 중 한 명을 알아보았다.

"무슨 일입니까, 도제?"

아래쪽을 향해 내가 외쳤다.

"한바탕 소란이 있었습니다, 박사님."

도제는 우리 두 사람만이 알고 있는 어떤 일 때문에 언제나 나를 박사님이라고 불렀다.

"그래요? 그럼 아마도 또 무도장에서군요?"

"맞아요, 그곳 말고 달리 어디겠습니까?"

그 댄스홀은 예전부터 대학생들과 수공업 기능공들 간에 해묵은 적대감으로 종종 싸움이 벌어지곤 하던 춤도 출 수 있는 술집이었다. 그런데 이번에는 그 악감정이 더 심했던 모양이었다. 도제가 주먹으로 상당히 힘찬 동작을 하면서 암시했기 때문이다.

"대체 이번엔 누가 당했나요?"

나는 계속 질문했다.

그 노인은 손으로 입 앞을 가리고 내게 속삭였다.

"이번엔 정말 제대로 당했습니다, 박사님."

그때 우리의 대화를 들었던 아는 사람이 지나가면서 소리쳤다.

"라우 백작이라오. 녀석들이 그에게 빚을 제대로 갚은 것 같습니다."

라우 백작(역주: Raugraf, 라우그라프는 중세 독일 백작 가문 칭호의 하나)은 잘 생겼지만, 방종한 젊은이였으며 교수들의 강의실에서는 거의 보기 드물지만, 결투장에는 자주 나타나고 술집에서도 규칙적으로 볼 수 있는 인물이었다. 대학에서는 한 역할 하는 인기가 있지만, 이후의 인생 후반에서는 자취도 없이 사라져 버리는 그런 사람 중 한 명이라고 볼 수 있다. 그는 수많은 대학 신입생들에겐 두려운 경탄의 대상이었지만 이와 마찬가지로 그가 소녀들을 빼앗아 자신들을 저버리게 한 젊은 직공들한테는 많은 증오를 받는 인물이었다. 그는 몇몇 대학들을 다니다가 그 대학에서 몇 번 제적을 요구받고 우리 대학까지 오게 된 인물이다. 그의 많은 전학과 이후의 엄청난 채무로 인해 온갖 소문이 떠돌았다. 그에게 붙어 다니는 '리우 백작'이라는 칭호는, 그것이 강자들의 권리만을 강조한 폭력정치 시절을 떠올리게 하고, 무엇보다 자신의 열정을 위해 약자를 무자비하게 이용하던 옛 젊은 귀족계급들의 방식이 완벽하게 계승되었다는 점에서 그에게 잘 어울렸다.

나는 라우 백작을 자세히 알지도 못하고, 또 그 사람에게 흥미도 없었기 때문에 창문을 닫고 그 사건을 생각하지 않은 채 잠자리에 들었다.

그런데 다음날 오후, 그 일에 대해 새롭게 생각해야 할 일이 생겼다. 내가 막 커피를 마신 다음 법학 논제를 들고 소파에 앉으려고 할 때, 누군가가 방문을 두드렸다.

"들어와요!"

내 친구 크리스토프의 건장한 체구가 조심스럽게 약간 망설이면서 방 안으로 들어섰다.

"너 혼자 있니?"

그가 물었다.

"네가 보다시피, 크리스토프."

그는 한동안 말이 없었다.

"난 여기를 떠나야만 해, 필립. 그것도 오늘 저녁 안으로. 멀리 떨어진 라인강가에 사는 외삼촌 댁으로……. 삼촌은 몸이 쇠약해져서 제대로 돌봐드릴 수 있는 사람이 필요해. 그렇지만 내가 갖고 있는 현금이 여행하는데 충분치 못한 게 염려돼. 그런데, 구걸하는 건 내 성격에 맞지 않는 것 같고……."

나는 이미 책상으로 가서 약간의 돈을 세어서 책상 위에 놓았다.

"이 정도면 괜찮을까, 크리스토프?"

"고마워, 필립."

그는 조심스럽게 돈을 지갑에 넣었는데 지갑 안에는 이미 금화와 은화 등 약간의 그의 자산이 들어 있었다. 이제야 비로소 나는 그가 일요일에 나들이할 때 주로 입던 검은 정장을 입고 있는 것을 보았다.

"그런데 축제 때나 입는 말쑥한 옷차림으로 대체 어디에 갔었는데?"

"난 방금 경찰서에서 오는 길이야!"

그렇게 말하며 생각에 잠긴 듯 손을 그의 넓은 이마에 대고 문질렀다.

"너, 벌써 여권을 받아온 거야?"

"물론이지, 사실은 해고증명서야."

나는 의아해하며 그를 쳐다보았다.

"사실은 댄스홀에서 있었던 어리석은 사건 때문이지."

나는 갑자기 모든 게 분명해졌다.

"그랬군! 그러니까 자네가 그 사람이란 말이군? 난 그걸 즉시 생각하지는 못했다네……."

내가 말했다.

"물론 나는 그곳에 있었다네, 필립."

"로레도 그럼 자네와 함께 있었나?"

그가 고개를 끄덕였다.

"그리고 자네가 라우 백작을 마구 두들겨 팬 거야?"

그의 입가에는 만족스러운 증오심의 미소가 보였다.

"그래, 그들은 당연히 내가 그랬다고 말하지."

그가 대답했다.

지난 시절 인문계 고등학교 학생들의 오래된 적이 너무나 만족해하는 어조로 이 말을 해서 나는 그 사건에 관해 더 이상 의심을 품을 수가 없었다.

나는 큰 소리로 웃지 않을 수 없었다.

"그래, 내게 이야기 좀 해 주게! 도대체 그 일이 어떻게 된 거야?"

"그게, 필립, 내가 로레와 함께 다니는 것을 자네도 알고 있지? "

"너희들, 그럼 결혼해서 서로 합칠 생각이야?"

"아마 그럴 거야, 그녀는 능수능란하고 재치있는 사람이야. 그리고 아주머니가 돌아가시면 약간의 재산도 받게 되지."

그가 대답했다. 나는 미소를 띠고 그를 쳐다보았다.

"그런데, 크리스토프, 로레가 평소에도 자네에게 그렇게 나쁘게 대하진 않았을 텐데? 그렇다면 자네가 그렇게 심하게 주먹을 휘두르지 않는 게 더 설득력 있어 보이는데!"

그는 한동안 앞을 보고 있었다.

"나는 거의 잘 모르겠지만 우리가 그들 속에 서 있었던 것만은 분명하네. 로레와 나는, 내가 그곳으로 간 것은 단지 그녀를 기쁘게 해 주려고 했던 거야. 그런데 이미 오래전부터 로레를 유심히 관찰하고 그때마다 다른 여자와 속삭이던 그 키 크고 창백한 녀석이 와서는 특별히 로레하고 춤을 추길 원하잖아."

"그런데 그가 자네 숙녀한테 뻔뻔하거나 파렴치하게라도 굴었나?"

"뻔뻔하게? 그 녀석 얼굴만으로도 충분히 뻔뻔하다네!"

"그리고 로레는?"

나는 친구의 얼굴을 날카롭게 응시하며 말했다.

"멋진 그 기사하고 기꺼이 춤을 추었던가?"

그는 미간을 찌푸렸다. 그리고 나는 그의 눈에 흐릿한 구름이 앉아 있는 것을 보았다.

"난 잘 모르겠어. 너희들이 그 아이를 너희들의 라틴어 학교 댄스 교습에 임시방편으로 데려간 건 잘한 행동이 아니었어."

그가 낮은 목소리로 말하며 내게 손을 내밀었다.

"잘 지내, 필립. 돈은 부쳐줄게. 그 외에는 아마 나에 대해 많은 소식을 듣지는 못할 거야. 그렇지만 일 년 후에 신이 허락하신다면, 다시 여기에 오거나 우리 고향으로 갈 거야."

그는 갔다. 나는 중단했던 일에 다시 전념하려고 했지만 헛수고였다. 내 어린 시절 친구의 미래에 대한 불확실한 걱정이 내 마음속으로 스며든 것이다. 비록 그가 말로서 드러내지는 않았지만, 그의 환상 속에는 완전히 그녀로 가득 차 있다는 사실, 그의 유용한 머리로 모든 힘을 다 바쳐 그녀와 일생을 함께 사는 데 전력을 다하리라는 것을 나는 너무 잘 알고 있었다.

나는 당시에 점심 식사를 위해 들렀던 하숙집 주인이 거주하는 아래층으로 내려갔다. 조금 이른 시간이었던 것 같았다. 왜냐하면, 하숙생들은 아직 아무도 들어오지 않았기 때문이다. 그러나 나는 옆방에서 말없이 외롭게, 구름 모양의 하얀 천의 한복판에서 바느질 일을 하고 있던 몸이 불편한 작은 체격의 마리를 만났다. 지금 내가 가장 걱정하고 있는 운명의 두 사람과 그녀가 종종 함께 있는 모습을 보았었기 때문에 그녀에게 어제의 그 사건에 대해 좀 더 상세히 알려 달라고 이야기했다.

"난 그런 일이 일어날 것이라고 알고 있었어요."

그녀는 얇은 입술을 꾹 다물며 말했다.

"그 목수는 평소에는 괜찮은 청년이죠. 그렇지만 그 아가씨에게 그는 너무 친절해요. 무엇 때문에 그 아가씨와 함께 댄스홀에 나타났는지!"

나는 더 자세하게 알려달라고 말했다.

그녀는 내가 앉을 수 있도록 의자 위의 물건들을 깨끗이 치웠다.

"당신도 성당이 많이 있는 성직자 거리 끝의 그 작은 집을 아시지요?"

내가 그녀의 손짓에 따라 자리에 앉자 그녀가 말을 계속했다.

"로레의 아주머니가 그 오래된 대장간을 옆집의 말 대여업자로부터 몇 년 전에 사들였지요. 하지만 그 뒤에 있는 마당은 말 대여업자가 사업을 위해 넓은 공간이 필요하므로 남겨두었어요. 그래서 두 집의 마당이 한데 묶여 있는 셈이었지요. 늙은 아주머니는 그 사이에 있는 잔디밭 위에 빨래를 널어 말려도 되었답니다. 그 노파는 돌아가신 내 어머니의 먼 친척이라서 내가 견진성사(堅振聖事)를 받은 이후에 자주 함께 바느질 일을 하러 다녔지요.

내 생각에 작년 성 마르틴 축제 직전이었던 것 같아요. 축제 직후 바로 내가 그 대장간이 있는 집으로 향했지요. 왜냐하면, 우리는 비단 바느질 일거리를 많이 맡아 놓았거든요. 길을 가는 도중에 크리스토프 목수를 우연히 만났지요. 로레와 그 사람은 당시에 사귀고 있었어요. 우리는 짧게 몇 마디 했고, 다시 길을 갈 때 그가 미소를 지으면서 한 번 더 나에게 소리치더군요. '일 마치고 오면 옷 널 때 빨래집게 끼우는 것 도와드릴게요!' 나는 로레에게도 그 말을 전했지요. 하지만 그녀는 그 말을 신경 써서 듣는 것 같지 않았어요.

우리는 안에서 일을 다 마친 후, 늦은 오후에 잔디밭에 있는 말뚝 사이에 빨래를 걸기 위해 바깥으로 나갔어요. 옷을 작은 반장화 위로 걷어 올리고, 검은 머리를 귀 뒤로 쓸어 넘긴 로레가 어설픈 발걸음으로 여기저기를 옮겨 다니며 빨랫줄을 걸고 있었어요. 노파는 안쪽의 안락의자에 앉은 채 잠들어 있었고, 나도 키가 크지 않아서 그녀를 많이 도와줄 수가 없었어요."

그러면서 이야기하는 그녀는 자신의 빈약한 신체를 가능한 한 똑바로 유지하려고 노력했다.

"나는 빨래 바구니 옆에 있는 방충석 위에 앉아서 이웃집 하인이 마구간 앞에서 금갈색 말을 빗질하는 것을 보고 있었죠. 나는 말을 좋아해요. 알다시피 제 아버지도 마부였잖아요. 그 말은 진짜 멋진 말이었어요. 그 말이 그늘에서 머리를 햇빛 속으로 내뻗으면 털이 금빛처럼 빛났어요. 하지만 섬세한 다리 생김새를 보고 저는 알아차렸지요. 그 말은 결코 이웃집에서 대여해주는 말이 아니란 걸 말이죠. '저 말은 누구 것이지?' 나무 발판을 내 옆에 있는 마지막 말뚝에 힘들게 밀어 넣고 있는 로레에게 물었지요. '저 말요?' 그녀는 발끝을 들어 올려 빨랫줄을 말뚝에 걸면서 말했어요. '그 말은 다른 지역의 대학생

말이에요. 난 그의 이름은 뭔지 몰라요.' 나는 그녀를 쳐다보았지만, 그녀는 머리를 돌리지 않고 계속 빨랫줄을 감고 있었지요. 내가 막 조바심이 나려고 했을 때, 내 뒤에서 목소리가 들렸어요. '이제 됐어요, 로르헨 (역주: 로레를 더 귀엽게 부른 말)양!'

그녀가 팔을 내리면서 위로 말아 올렸던 치마를 급하게 아래로 끌어내리던 모습이 아직도 눈에 보이는 듯 합니다. 내가 머리를 돌렸을 때, 창백하고 고상한 그 대학생이 내 앞에 서 있었지요. 그리고 로레는 한마디도 하지 않고 발판에서 뛰어내려 내 옆에 서 있었지요. 그 젊은 신사도 단지 계속 서 있기만 하면서, 쳐다보는 건 무료라는 것처럼 로레를 예리한 시선으로 훑어보았지요. 괘씸하다고 나는 생각하면서 그냥 되는 대로 그 금갈색 말에 대해 큰 소리로 말을 시작했지요. 나는 아무 답변이라도 들을 때까지 오랫동안 말을 했지요. 그런데 제가 예상하기도 전에 우리 셋은 모두 그쪽 마당으로 건너가 있었어요. 말은 말발굽으로 긁는 소리를 내며 영악한 눈으로 자기 주인을 쳐다보고 있었어요. 로레는 옆에 서 있었는데 정말로 그 말이 욕심나는 듯 손바닥으로 거울처럼 반짝이는 말의 목을 쓰다듬었지요. '어린 양처럼 온순하네요.' 젊은이가 그렇게 말하더군요. '어떻게 생각하십니까, 로레 양? 안쪽 마구간에 여인용 안장이 하나 더 걸려 있는데!' 그녀는 머리를 흔들었지요. 하지만 저는 알았지요. 그녀의 호흡이 바뀌고 눈은 갈망으로 정말 빛나고 있었거든요. 그 백작도 아마 그 점을 잘 알았던 것 같아요. 그가 눈짓을 보내자 하인이 안장을 조이고 가벼운 재갈을 물렸거든요. 로레는 마치 눈이 마술에라도 걸린 듯 그것을 보고만 있었어요. 그렇지만 하인이 말에 올라타도록 나무로 된 발판을 갖다 주자, 그 젊은 신사가 그것을 옆으로 치워 버렸지요. '그만두게, 요한!' 그가 소리치고는 마치 당연한 듯이 그 처녀의 팔 아래로 손을 집어넣어 붙잡으며 말했어요. '꽉 밟고 있으세요!' 그가 꿰뚫어 보는 듯한 눈으로 그녀에게 시선을 고정하면서 다른 손은 그녀 앞으로 놓았지요. 그러자 로레는 그 남자가 원하는 대로, 마치 그래야만 하는 것처럼 작은 발을 그의 손 위에 올려놓았어요. 그가 약간 주저하는 것을 난 느꼈습니다. 그러나 그마저도 잠시일 뿐, 곧이어 신속하게 움직여서 그녀를 말 등으로 올려주었어요.

그녀는 매우 혼란스러워 보였고 말 위에 앉아 있을 때 눈을 아래로 감더군요. 그리고 그가 손가락 사이에 고삐를 바르게 놓는 것을 참을성 있게 기다리고 있었지요. 말은 머리를 흔들며 크게 히힝 소리 내었어요. 하지만 그의 주인이 몇 번 애무하듯 비단 같은 털을 쓰다듬어 주었지요. 그런 다음 그는 손을 로레 뒤의 안장에 올려놓고, 다른 손으로는 고삐를 잡고 천천히 원형의 화단 주위를 돌았어요.

나 자신도 사실 그들이 멋진 한 쌍을 이룬다고 말하지 않을 수가 없네요. 그렇게 섬세하고 세련된 그녀가 가난한 바느질하는 여인과 재단사의 딸이라고 생각하는 사람은 아마도 아무도 없었을 거예요.

곧 그녀에게는 말의 속도가 충분히 빠르다고 느껴지지 않았던 것 같아요. 그녀가 손을 높이 치켜들자 말이 빨리 달리기 시작했어요. 그러자 젊은 신사는 원형의 화단에서 뒷걸음질하더군요. 그렇지만 그녀에게서 눈길을 떼지는 않았어요. 말이 달리는 대로, 채찍을 손에 들고 함께 원을 그리며 걸어가더군요. 마치 그는 바람에 휘날리는 그녀의 검은 머리카락에서부터 말안장 위에서 치마 아래로 드러나는 작은 발에까지 매혹된 듯했는데, 눈길은 처녀의 이곳저곳을 따라 다녔지요. 곧 그가 그녀에게 뭐라고 외치고, 자기 말에게도 짧은 말을 던졌어요. 말은 점점 더 빨리 달렸어요. 코로 씩씩거리며 숨을 내쉬며 갈기를 허공에 흩날렸어요. 로레는 그런 건 전혀 보지 않았어요. 그저 날아오른 것처럼 앉아서 미소를 띠며, 마치 자신을 안장에 단단히 붙들어놓은 것이 그의 눈인 듯이 그 젊은 남자를 응시하고만 있었어요.

그렇게 얼마간의 시간이 지났지요. 갑자기 나는 만약 '노파가 밖으로 나온다면!' 하는 생각이 들었어요. 아마 그렇게 된다면 벼락이 칠 것 같았지요. 하지만 노파는 나오지 않았어요. 그때 갑자기 비둘기 무리가 날개를 시끄럽게 퍼덕이며 마당 위를 방향을 틀었어요. 그 소리에 말이 놀라 점프했고, 앞발을 들고 날뛰었어요. 나는 로레가 말에서 떨어질 거라고 생각했어요. 하지만 아니었어요. 그녀는 말 목을 꽉 붙들고 매달려 있더군요. 다만 죽은 듯이 창백해져 있었지요. '오호, 순결한 아가씨!'라고 남자가 외치더니 곧바로 말 위로 올라가서 로레를 그의 팔로 감싸고는 한동안 탐욕스러운 눈길로 그녀를 주시하더니 곧 부드럽게 바닥에 내려놓았어요. 그런데 내가 더 생각할 겨를도 없이 뜰 문이 열리는 소리를 들었어요. 나는 '노파로구나!' 생각했지만, 돌아보았을 때는 목수 크리스토프가 내 앞에 서 있더군요. 만약 그 노파였다면, 내가 그렇게 흥분하지 않았을 거예요. 왜냐하면, 그 목수는 마치 돌처럼 완전히 굳어 있었거든요. '벌써 일을 다 마치고 자유시간인가요, 베르너 씨?' 내가 소리쳤어요. 그러나 그는 그 말에 전혀 주목하지 않는 것 같았어요. 그리고 마치 그 말이 목에 걸리기라도 한 듯 잠긴 목소리로 '안녕하세요, 마리'라고 했어요. '집 안으로 들어가실래요?' 내가 다시 말했지요. '고맙습니다만 이미 다른 손님이 계시군요.' 그가 대답하며 처녀를 쳐다보거나 말 한마디도 하지 않은 채, 몸을 돌리더니 큰 문으로 통하는 길을 지나 거리로 나가 버렸어요.

로레는 거친 숨을 내쉬고 있는 말 옆에서 움직이지 않고 서 있었어요. '저 사람이 무엇 때문에 왔어요?' 백작이 질문했어요. '저와 같은 고향 사람이에요.' 그녀가 낮은 목소리로 대답했어요. '그는 베르너 씨예요. 큰 가구사의 일등 목수입니다.' 그 백작의 조롱하는 듯한 얼굴에 화가 나서 나는 그렇게 말했어요.

계속 이야기해 온 여인은 하나의 일을 마무리했고 일어서서 천을 접어서 포개어놓았다. 옆 거실에는 하숙생들이 점심 식사를 위해 모여있었다.

"그런데 그 일로 어떻게 되었습니까?"

나는 계속 물었다.

"그다음에 어떻게 되었냐구요?"

그녀가 내 말을 반복했다.

"한동안 내가 여기저기서 이따금 말을 했지요. 결국에는 목수가 그렇다고 해서 그녀와 헤어질 수 없었지요. 그리고 그녀는……. 머리가 정말 돌지 않았다면, 자신한테 그가 어떤 사람인지 잘 알고 있겠지요. 그 멋지고 고상한 젊은 귀족들이 그러니까 어떻게 그녀의 상대가 될 수 있겠어요?"

우리는 식탁으로 갔다. 하지만 불구의 마리가 한 이야기들은 내 가슴을 무겁게 짓누르고 있었다. 로레와 크리스토프! 나는 그 두 사람을 함께 묶어 생각할 수가 없었다.

산책

부활절 직후 어머니의 갑작스런 병환으로 연락이 와서 나는 집으로 가게 되었다. 어머니가 완치되어 아버지의 근심이 중단된 후에 부드러운 공기의 치유력에 맡겨둘 수 있던 8월이 되어서야 비로소 나는 대학으로 돌아왔다. 내가 그곳을 떠났을 때는 그 도시의 넓은 호숫가에 아직 얼음이 녹지 않았을 때인데, 지금은 모든 길 위에서 무성한 잎사귀들이 여름을 알리고 있었다.

내가 도착한 후 다음 날 오전이었다. 아직 내가 아는 지인 중 그 누구와도 만나거나, 말하지 못했다. 나의 외로운 좁은 기숙사 방 가운데에 서서 생각에 잠겨 있었다. 책상 위의 이미 말라 버린 잉크 병과 먼지가 쌓인 책들이 나를 우울하게 바라보고 있었다. 방바닥에 있는, 반쯤 풀다가 그만둔 여행 가방도 더 나을 건 없었다. 하지만 유리창을 통해 밝은 햇빛이 비치고 있었고, 그것이 나를 바깥으로 나가도록 유혹했다. 이미 어릴 때부터 내가 종종 그랬던 것처럼 혼자서 걸었다. 해안을 따라 펼쳐져 있는 넓은 느릅나무 가로수 길의 그늘 밑에서 걸었다.

내 머리 위로는 엄청난 나무들이 어두운색의 아치형 천장 모양으로 덮여 있었다. 반면에, 길 양쪽에는 초록색의 잔디로 뒤덮인 정원의 집들 작은 창문으로 밝은 아침 햇살이 반짝이고 있었다. 이따금 덤불숲 사이로 보이는 바다 표면의 섬광이 내 눈과 마주치기도 했다. 나는 신선한 공기를 충분히 들이마시면서 천천히 계속 걸어갔다. 몇몇 낯선 사람들만 우연히 나와 마주쳤다. 왜냐하면, 아직 산책할 시간이 아니었기 때문이다.

그렇지만 점차 정원이 보이지 않게 되고, 느릅나무 대신에 길옆으로 날씬하게 위로 솟아있는 너도밤나무들이 나타났다. 조금 더 걸어가니 나는 왼쪽 언덕으로 이어지는 서늘한 숲에 들어섰으며 다른 쪽의 나무들 사이로 바다를 내려다볼 수 있었다. 내 앞에 있는 우거진 숲에서 피리 새의 맑은 은빛 소리와 검은지빠귀의 유혹하는 듯한 울음소리가 들렸다. 그 사이로 계속해서 나뭇잎의 속삭이는 듯한 소리와 저 아래에서 내 발밑으로 파도가 살랑거리며 다가오는 소리가 마치 음악처럼 들렸다. 갑자기 여기 숲에 있는 게 분명한, 반쯤 허물어져 가는 어느 집에 대한 기억이 떠올랐다. 몇 년 전 내가 고등학생이었을 때, 친척 대학생 한 명과 그곳에 한 번 왔던 적이 있었다. 학교 수업을 마친 후 왔었던 것 같다. 당시에 내가 들은 바로는, 투기를 하던 어느 술집 주인이 지은 집인데 그 투기는 실패하고 말았다. 왜냐하면, 많은 수의 손님들을 그렇게 외진 곳으로 끌어모을 수는 없었기 때문이다. 그는 그 집을 팔아야만 했고, 그 당시 새 소유주는 종업원을 한 명 거느린 채, 넉넉지 못한 경영을 해나가고 있었다.

나는 키가 크고 창백한 그 사람을 아직도 잘 기억하고 있었다. 높다란 너도밤나무와 언덕 절반쯤 되는 높이에 자리하고 있던 그 단층 건물이 지금도 분명하게 내 눈앞에 서 있었다. 건물 정면의 중간에 위치하던 둥근 기둥들이 있던 작은 홀 아래에서 그 당시에 그로그(역주: Grog, 럼주에 브랜디와 설탕을 넣고 끓인 술) 주를 처음 마셨다. 그곳에서 우리는 양쪽으로 여는 큰 문을 통해 높고 음침한 홀로 들어갔었다. 그 홀의 창문은 뒤쪽 숲으로 나 있었다. 그 외로운 장소를 다시 한번 방문하고 싶은 욕구가 나를 엄습했다. 동시에 그곳이 이제는 사라졌거나 더 이상 찾지 못할 수도 있다는 걱정도 있었다.

내가 그런 생각에 잠겨 있는 동안, 갑자기 길의 왼쪽 나무 사이로 꼬불꼬불 올라가는 좁은 인도를 찾아냈다. 나는 잠시 망설이며 서 있었다. 몇 년 전에도 역시 그랬다. 그런 다음 천천히 산 위로 올라갔다. 얼마 후에 내 앞의 나무줄기들 사이로 회색 슬레이트 지붕이 솟아있는 것을 보았다. 둥근 기둥들이 있는 작은 홀과 모든 방향으로 난 창문들의 윗부분이 차츰차츰 눈에 보였다. 몇 발자국 더 걸어가니 널찍한 돌계단이 나무 그늘 밖으로 벗어나게 해서 작고 평탄한 장소로 나를 이끌었다.

그 집이 내 앞에 있었다. 숲 한복판에, 아주 고요한 햇볕 속에 자리 잡고 있었다. 시간이 흘렀지만, 그곳은 거의 달라지지 않은 것처럼 보였다. 그 당시처럼 처음에 붉은색으로 칠을 했던 벽은 그 칠이 아직 벗겨지지 않았고, 곳곳에 녹색의 이끼로 덮여 있는 있었지만 조금도 변하지 않은 듯했다. 나무 기둥의 갈라진 틈으로 갈색 버섯이 무성하게 자라고 있었다. 작은 홀 아래에도 양쪽으로 반쯤 열려 있는 여닫이문을 향해 짙은 녹색의 벤치가 아직 있었다. 나는 그 벤치 중 한 곳에 앉아 작은 숲의 빈틈으로 바다를 내려다보았다. 바다 위에는 어선 한 척이 햇볕 속에서 미끄러지듯이 가고 있었다. 여기 언덕 위쪽에는 사람들이 거주하지 않는 것처럼 보였다. 아무런 인기척도 없었다. 그리고 내 뒤쪽의 집 안에서도 아무런 소리가 들리지 않았다. 단지 숲속에서 나온 벌 한 마리만 빠르게 날개를 흔들며 스쳐 지나갔다. 돌계단의 풀이 자란 가장자리에는 검정 나비 두 마리가 날아가고 있었다.

잠시 후 나는 일어서서 홀 안으로 들어갔다. 홀은 내가 생각했던 것보다 더 어두워 보였다. 바로 창문 앞에 서 있는 나무들이 지붕 위에까지 나뭇가지를 펼치고 있었다. 지팡이로 탁자를 때려서 높은 천장까지 소리가 울리게 해보았다. 하지만 아무도 나오지 않았다. 왼쪽으로 내가 안을 들여다본 옆방에는 외로운 당구대만 놓여 있었다. 하지만 맞은편에 홀의 다른 쪽에는 문이 하나 더 있었다. 내가 문을 열자 좁은 복도가 있었는데 이 복도를 지나자 다시 야외가 나왔다. 집 바로 근처에 있는 케겔(역주: 현재의 볼링과 유사한 경기) 시설 옆에서 나는 나이 든 사람을 한 명 발견했는데 그 사람은 초록색 앞치마를 두른 채 잔디밭 위에 잠들어 있었다. 정말로 그 당시의 그런 종업원과 똑같았다. 내가 지팡이로 그를 건드리자 그가 눈을 뜨며 벌떡 일어섰다.

"미안합니다, 손님. 지난밤에 휴식을 거의 취하지 못했습니다."

그가 말했다.

나는 놀라서 그를 응시했다.

"아직 모르십니까?"

그가 머리부터 발끝까지 나를 자세히 관찰하면서 계속 말을 이어갔다.

"학생조합 회원분들이 정말 부활절 이후로 밤마다 이곳에서 저녁 술잔치를 열고 있답니다."

비록 내가 아는 사람들 대부분이 이와 연관되어 있음에도 실제로 나는 그것을 모르고 있었다.

맥주 한 컵과 빵 한 조각을 주문하고 우리는 함께 홀로 들어갔다. 열린 문을 통해 한낮의 햇빛이 들어오자, 바닥 한복판에 몇 방울의 검은 얼룩이 눈에 띄었다. 이 얼룩은 저녁 술잔치뿐만 아니라 그에 따른 '결투'도 이 한적한 곳으로 옮겨왔음을 보여주는, 의심의 여지가 없는 증거였다.

"대체 무엇 때문에 당신들은 저 핏자국을 없애지 않는 거요?"

내가 물었다.

"손님, 죄송합니다만 그 얼룩은 닦아도 지워지지 않고 계속 나타납니다. 그 얼룩은 당시 그 불행한 일이 여기서 일어났을 때의 흔적입니다. 불같이 뜨거운 그 젊은 학생이 갑자기 그렇게 말없이 새하얗게 되었을 때 정말 기분이 좋지 않고 불쾌해 보였습니다."

창백한 종업원이 대답했다.

즉시 나는 가난한 장교의 과부가 유일한 아들을 잃었던 그 사건이 생각났다. 내가 여행을 떠난 후 얼마 지나지 않아 일어난 사건으로 짧은 시간에 작은 시골 전체에 관심사가 되었던 일이다.

나는 회당을 나가서, 인생의 마지막 불쾌한 흔적을 여기에 남기고 죽은 뜨거운 피의 그 젊은이를 생각하면서 녹색의 벤치 한 곳에 앉았다.

얼마 후, 주문했던 아침 식사를 종업원이 가지고 왔다.

"오늘 저녁에는 좀 더 좋은 음식을 대접할 수 있습니다."

그가 내 앞에 있는 탁자 위에 맥주잔과 접시를 내려놓으며 말했다.

"우리는 오늘 무도회가 있습니다. 무도회가 열릴 때마다 주인이 꼭 요리사를 보내십니다."

"무도회요?"

나는 놀라며 물었다.

"대체 여기 이 숲 한복판에서 누가 춤을 춘단 말입니까?"

"지금은…… 매우 고상한 귀족 대학생들이 그렇게 만들었습니다."

그는 대답하면서 별로 현대적이지 못한 내 옷차림을 약간 경멸하듯이 쳐다보았다.

갑자기 고향에 머무를 때 한 친구로부터 받은 편지의 어떤 구절이 떠올랐다.

'우리는 그것을 마녀의 연회라고 이름 붙였지. 정말 미친 듯이 자유분방하게 진행되지!'

그렇게 적혀 있던 내용이었다. 나는 이제 그게 무슨 말이었는지 알게 되었다. 나는 단지 그 장소를 잊고 있었을 뿐이다.

종업원은 무도회를 그런 식으로 부르는 것을 듣는 게 썩 내키지 않은 것처럼 보였다. 하지만 내가 무도회를 여전히 그런 식으로 비비꼬며 장난하듯이 묻고 있을 때 내가 잘 모르는 대학생 두 명이 산 위로 올라왔다. 그들은 나를 주목하지 않은 채, 문의 다른 쪽에 있는 벤치에 앉았다. 날카로운 억양의 말투와 화난 표정을 하고서 맥주를 주문했다. 그런 다음 종업원이 멀어져 가는 동안에 중간중간에 말들이 오고 갔다. 이따금 휘파람 소리나 큰 하품으로 중단되기도 했지만, 눈앞에 다가온 댄스파티에 관한 대화가 진행되고 있었다. 그중 한 명은 신입생인 것 같았는데. 처음 참가하는 무도회에 대한 예비지식을 좀 더 나이 많은 선배를 통해 배우고 있는 과정이었다. 여성 댄스파트너들에 대한 평가가, 간략하지만 차례대로 한 사람씩 부드럽지 않은 인물묘사로 그 신입생에게 전달되고 있었다. 예를 들어, 가장 먼저 시골의 가짜 댄스 교사의 딸들과 댄스 교습소를 만드는 데 도움을 준 음주벽이 있는 경찰관의 딸 등이 소개되고, 이어서 낮에는 자기 손으로 부족한 빵을 벌어야 하는 친구도 없고 부모도 없는 일련의 소녀들에 관한 이야기였다.

그러는 동안 나는 묵묵히 아침 식사를 하고 있었고, 이따금 내 곁에서 겁도 없이 타일 바닥 위를 돌아다니며 빵 부스러기를 쪼아 먹는 피리 새에게 먹이를 주었다.

"너는 가장 먼저 백작 부인을 보아야 해!"

내 옆의 두 명 중 선배처럼 보이는 학생이 콧수염을 꼬면서 다시 시작했다. 다른 학생은 놀라며 질문하고 있었고 또 다른 친구는 웃으며 말했다.

"루드비히, 그녀는 바느질하는 여인에 불과하지만, 그 검은 눈으로 너를 차갑게 응시한다면……. 그녀는 정말 하늘나라에서 내려온 존재 같아."

"하지만 대체 왜 그녀를 백작 부인이라고 부르는 거죠?"

"그야 알다시피, 그녀는 라우 백작의 여자니까."

무엇 때문에 내가 이 말을 듣고 놀랐는지 모르겠다. 나는 허풍을 잘 치는 듯한 그 학생에게 좀 더 자세한 것을 물어보려다가 집을 나설 때 집주인의 뒷방에서 마리를 본 것이 생각나 그만두었다. 그리고 서둘러 귀가했다. 30분쯤 뒤에 나는 그녀와 대화를 이어가고 있었다.

"그럼 로레를 오랫동안 보지 못했단 말이죠?"

그녀는 한동안 침묵했다.

"더 이상 그녀와 만나지 않으니까요."

그녀는 자신의 일감에 시선을 던지며 말했다.

"하지만 평소에 두 사람은 좋은 친구 관계로 보였는데……."

"예, 예전에는 그랬지요!"

그녀는 방금 일을 끝낸 바느질감의 솔기를 손톱으로 몇 번 비볐다.

"그렇지만 그녀가 밖에서 대학생들과 춤추게 된 이후로는 많이 변했어요. 그녀가 늙은 아주머니 집에 있었던 것도 오래됐을 겁니다. 그리고 유언장 내용도 이제는 아마 달라졌을 지도 모르겠고요……."

"그렇게 되었군." 나는 생각했다. 이제 사실을 확인한 것이었다. 크리스토프는 벌써 얼마 지나지 않아 내게서 빌렸던 돈을 짧은 소식과 함께 보내왔다. 숙부 내외와 나이든 사촌누이가 자신을 친절하게 받아주었고, 그밖에 일거리도 충분히 찾았다는 내용이었다. 그 이후로 나는 더 자세한 내용은 그에게서나 로레에게서 듣지 못했다.

"하지만 도대체 그런 일이 어떻게 해서 일어나게 되었지요?"

나는 잠시 후 부지런히 바느질 일을 하는 그녀에게 물었다.

"그게……."

그녀가 잠시 바늘을 일감에 꽂고 말했다.

"그게 오순절이 있기 14일 전이었어요. 로레는 오래전부터 말이 없고 기분이 좋아 보이지 않았어요. 처음에 나는 그 목수가 계속 편지를 보내지 않았기 때문이라고 생각했어요. 그렇지만 가끔은 혹시 그

약혼 자체가 그녀에게 고통스러운 것은 아닌지, 그 약혼에 대해 스스로 잘했다는 확신이 없는 것은 아닌가? 라는 생각이 들었어요……. 그녀는 나에게, 혹은 그 젊은 귀족들 중 누군가에게 간단한 말로 상처를 주는 것을 전혀 신경 쓰지 않는 것 같았어요. 그렇지만 제일 좋지 않을 때가 발하우스에서 흘러나오는 음악을 들을 때였어요. 왜냐하면, 그 목수에게는 춤추러 가지 않겠다고 약속해야만 했거든요. 그러던 어느 날 저녁이었어요. 내 방 앞 벤치에 우리가 앉아 있었을 때, 어제 타지에서 막 고향으로 돌아온 재단사인 내 조카가 다른 기능공들과 함께 우리에게 왔지요. 그는 미래를 위해 라인강 아래 지역으로 내려갔었는데 그가 지명했던 그곳의 몇 군데 도시에서 일을 배우고 왔어요. 다른 사람들이 그 애에게 물었지요. '그럼 자네 크리스토프 베르너도 보았나?' '그 목수? 물론 난 그를 보았지. 그 사람 완전히 운이 좋더군요.' '대체 어떻게?' 또 다른 누가 물었지요. '어떻게 되었냐? 글쎄, 그가 사장 딸하고 결혼한다네요. 네 말 알아듣겠지요?' 조카가 손가락으로 돈을 세는 흉내를 내었지요. 이 대화를 듣고 나는 너무 걱정되었어요. '너는 겁이 너무 없구나, 함부로 말하고. 잘 알지도 못하면서!' 하고 내가 조카에게 말했지요. '아, 이모, 충분히 조심하고 말한 거예요. 그때 제가 그 자리에 있었는데요. 혼인용 침대를 만들기 위해 판자를 대패로 밀고 있었어요!' 조카가 소리치더군요. 로레는 이 말에 한마디도 하지 않은 채, 벤치에서 일어나서 모자를 들고 뒤도 안 돌아보고 거리 밑으로 내려갔어요. 왜 저러는지, 무슨 일 있냐고 조카가 물었어요. 나도 조카 디트리히에게 모르겠다고 말했지요. 나 역시 정말로 그녀가 왜 그러는지 모르겠더라고요. 그녀와 목수는 그렇게 뜨거운 사이도 아니었거든요. 왜냐하면, 목수가 로레를 오랫동안 따라다녔었고, 그녀가 승낙하기 전에 두 번이나 고심했던 걸 내가 알거든요. 그리고 그 젊은 귀족 대학생과의 일에 관해서라면, 그가 고집 센 로레의 성격을 감안할 때 그렇게 미친 듯이 빠졌을 것이라고는 생각되지 않아요.

한동안 더 나는 앉아서 재단사인 조카가 들려주는 얘기를 듣고 있었지요. 하지만 단지 건성으로 들을 뿐이었고, 곧 나는 더 오랫동안 참고 들을 수가 없었어. 왜냐하면, 난 로레가 걱정되었기 때문이에요.

그래서 난 그 애를 뒤따라갔어요. 내가 생각했던 대로 그녀의 아주머니가 접시들을 넣어 두던 집 지하의 작은 방에서 그녀를 만났어요. 로레는 그 방 한가운데 백묵처럼 하얗게 질린 얼굴로 서 있었는데 턱에 피가 흘러내릴 정도로 입술을 깨물고 있었어요. 서랍과 모든 상자를 열어젖혀 두었고, 얇은 망사와 리본이 그녀 주변의 방바닥에 흩어져 있더군요. '로레, 너 지금 뭐 하고 있니?' 내가 물었지요. 하지만 그녀는 내 말에 귀 기울이지 않는 것 같았어요. '일요일에 발하우스에서 무도회가 있나요?' 그녀가 묻더군요. '발하우스? 그게 너와 무슨 상관이니?' '나도 다른 사람들과 함께 춤을 출 거예요!' '너? 네 애인이 그것에 대해 어떻게 말하겠니?' '이제 난 그와 아무 상관없어요!' 그렇게 말하면서 모자를 쓰고 서랍장에서 숄을 꺼내었어요. 그런 다음 그 애가 절약한 돈을 넣어 두는 작은 상자를 열었어요. 왜냐하면, 비록 치장을 위해 많은 돈을 썼지만, 그 애는 자존심이 강해서 결혼하면 신랑에게 빈손으로 가기를 원치 않았거든요. 이제 그녀는 돈을 싸놓았던 종이를 찢어버리고 풀어진 돈을 지갑에 넣었어요. '쇼핑하러 가야만 하는 데 나와 함께 갈래요?' 그녀가 묻더군요. 그녀가 뭘 하려는지 몰랐지만, 어쨌든 그녀가 측은하기도 하고 해서 나도 함께 갔어요. 왜냐하면, 그녀가 춤추러 가겠다고 하니 그것을 말려볼 마음이 있었거든요. 하지만 그건 모두 공허한 말들이었어요. 그 애는 내 옆에서 급하게 내가 없는 것처럼 거리를 내려갔고, 대답도 안 하고, 내 쪽으로 보지도 않았거든요.

우리가 시장에 있는 포목 상인의 가게 진열장 앞에 섰을 때, 로레는 두툼한 비단 리본과 최근에 가장 유행하는 얇은 면사를 내어 달라고 했어요. 예전에 그 도시의 가장 상류층 여인들을 위해 그녀가 만들었던 무명으로 된 면사들이었어요. 그러는 동안에 그녀는 여기저기 뒤적거리거나 마구 섞이도록 던지기도 했어요. 가게 직원이 다른 물건들도 더 내어놓았어요. '옷을 주문하신 숙녀분이 가격에 개의치 않으시다면!' 그가 말을 하며 맑고 투명한 천 아래로 손을 뻗었어요. '그 숙녀에게는 가격은 문제 되지 않아요.' 하고 로레가 말했죠. 나는 몰래 그녀의 옆구리를 찔러 신호를 보냈어요. 왜냐하면, 그녀가 자신을 위해 그 비싼 물건을 사려고 하는 것을 이제 알아차렸거든요. '로레, 제발 부탁할게, 곰곰이 생각해 봐. 그런 고급의 비싼 것으로 네가 뭘 하겠다는 거니?' 내가 낮은 목소리로 말했어요. 그렇지만 그 애는 마음을 돌리지 않았고, 점원한테 그 천을 자르게 했어요. 그리고 결국에는 책상 위에 고생하며 힘들게 번 돈을 올려놓았지요. 마치 그 돈을 위해 자신이 며칠을 힘들게 일해야 하는지 모른다는 듯이 말이죠. '내버려 두세요. 나도 한 번쯤은 이런 고급제품을 입고 싶었어요. 내가 이 도시에서 제일 아름다운 숙녀보다 더 못생긴 것은 아니에요!' 내가 그녀의 팔을 뒤로 잡아당기자, 그녀가 그렇게 말하더군요."

그런 다음 그녀는 집으로 가서 밤을 지새고, 다음날까지 꼬박 앉아서 바느질해서 그 비싼 옷을 완성했지요. 마리는 미리 바늘에 새 실을 꿴 다음 이야기를 다시 계속했다.

"다음날인 일요일 늦은 저녁에, 로레는 검은 머리에 하얀 오월의 백합을 꽂은 채, 발하우스로 갔어요. 이 모든 얘기를 내 조카한테서 들었어요. 조카도 춤추는 자리를 놓치지 않거든요. 처음에 그 애는 가만히 오랫동안 앉아 있었다는군요. 젊은 기능공들은 그녀한테 용기를 내 다가가지 못하고 있었어요. 대학생들을 그 애가 스스로 차례차례 거절했다고 해요. 다시 그녀를 둘러싸고 거의 한바탕 소란이 있었다는군요. 그 창백한 귀족 대학생, 그분 이름이 뭐라고 하더라…….”

“라우 백작!”

내가 말했다.

“맞아요, 그도 역시 그곳에 있었다더군요. 하지만 그도 처음에는 그녀를 전혀 신경 쓰지 않았대요. 하지만 결국에는 그도 그녀에게로 가야만 했지요. 왜냐하면, 그녀가 너무 아름다워 보였기 때문이지요. 그녀는 마치 동방의 나라에서 온 여인 같았다고 사람들이 말했답니다. 그가 로레의 자리로 걸어갔을 때, 그녀는 피처럼 빨개졌다고 하며 온몸을 떨었다고 하더군요. 하지만 그녀는 마침내 일어나서 그에게 손을 내밀었다네요. 조카가 말하기를 그 남자는 마치 그녀를 모두 마셔버릴 듯이 주시했다고 합니다. 그녀는 그 이외에는 누구하고도 춤추지 않았다고 하더랍니다. 왜냐하면, 악사들이 바이올린을 집어넣을 때까지 그 두 사람은 함께 계속 춤을 추면서 자리로 돌아오지 않았다고 합니다.”

몸이 불편한 마리는 이제 입을 다물었다. 마치 자신이 들려준 이야기로부터 윤리를 끌어내기라도 하는 듯, 생각하면서 ‘그래, 맞아, 그랬겠지!’ 이런 말만 했다. 그러고 나서 마리는 이전보다 더 부지런히 자신의 일을 계속했다.

나는 이제 충분히 알게 되었다. 그리고 오늘 저녁 ‘마녀의 연회’에 가서 내 눈으로 직접 확인하려고 결심했다.

숲속에서

이미 어두워져 있었다. 언덕을 넘어 나무 기둥들을 통과하며 길을 찾으려고 애쓰는 동안, 숲 위에는 후텁지근한 공기가 남아 있었다.

돌계단 위에 올라섰을 때, 나는 무의식적으로 멈춰 섰다. 내 옆쪽으로 하얀 옷을 입은 아가씨들 몇 명이 나무 사이를 미끄러지듯이 빠져나가 집 옆쪽으로 사라지는 것을 보았다. 무도회에서 중간 휴식 시간인 듯했다. 나는 밝은 조명이 비치는 홀 안쪽에서 악사들이 바이올린을 조율하는 소리를 들었다. 열려 있는 양쪽으로 여는 문 옆을 지나치는 대학생들과 숙녀들이 활기차게 대화를 주고받으며 걸어가고 있었다. 도저히 즉시 안으로 들어갈 수가 없었다. 내 눈앞에 소녀의 사랑스럽던 아이 적 모습이 기억났다. 불쌍한 아버지 목에 매달리던 그녀의 모습이 다시 보였다. 소년 시절의 내 열정을 그녀가 고집스럽게 피했던 것도 생각났다. 갑작스러운 고통이 내 마음속에서 싸우고 있었다. 그것이 연민인지 질투심인지는 나도 거의 알 수 없었다.

이윽고 나는 작은 홀의 계단 두 개를 딛고 안으로 들어가서 열린 문의 기둥 옆, 눈에 띄지 않는 자리에 앉았다. 아직 휴식 시간이 계속되고 있어서 적지 않은 활기가 넘쳤다. 옆 탁자 혹은 옆방에 있는 대학생들은 대화를 나누며 맥주잔을 부딪치고 있었고 숙녀들은 웃으면서 이곳저곳을 돌아다니고 있었다. 이따금 원기 왕성하게 신이 나서 내지르는 큰 소리가 홀 안을 떠돌았다.

이 소녀들 가운데는 품위 있는 얼굴들도 있었다. 열정적인 큰 눈을 한 젊은 모습들, 근심 없는 삶의 유희가 담긴 표정 혹은 약간의 고통스러운 듯한 표정들은 적잖게 매혹적으로 보이는 얼굴들이었다. 비록 그들은 가난했지만 모두 말쑥하게 옷을 입고 있었다. 투명하게 속이 비치는 밝은색 옷감에, 정성 들여 땋은 머리에는 꽃 모양의 장식이나 싱싱한 화관을 꽂고 있었다.

하지만 이런 점도 그녀들의 춤 파트너들에게 똑같은 배려심을 일으키진 못한 것 같았다. 왜냐하면, 특히 나이가 어린 젊은이들이나 소위 '우두머리 남정네'들 몇몇은 숙녀들이 있는 앞에서 탁자나 벤치 위에 거리낌 없이 발을 쭉 뻗고 있었기 때문이다.

나의 눈은 로레를 찾으려고 했는데 오래 걸리지 않았다. 그녀는 당구대가 있는 방의 맞은편에서 더 어려 보이는 숙녀들 사이에 앉아 있었다. 그 소녀들은 로레에게 활기차게 말을 걸고 있었지만, 그녀는 큰 관심 없이 앞을 바라보고 있었다.

그녀는 이 계절에는 보기 드문 하얀 장미를 머리에 꽂고 있었다. 하지만 그녀의 얼굴은 이미 장미의 계절이 지나간 것 같았다. 연약하며 창백한 그녀의 뺨 위에 이제는 더 이상 홍조가 빛나지 않았다.

나는 라우 백작도 보았다. 그는 다리를 꼰 채 피곤한 듯이 홀의 다른 편에 앉아 있었다. 나는 그의 근처에 서 있었다. 악사들이 악기를 손에 쥐었을 때, 젊은 대학생 중 한 명이 그에게 다가갔다.

"이번 춤을 로레 양과 함께 추게 허락해 주세요!"

그가 수줍어하며 말했다.

"다음 기회에, 애송아!"

라우 백작이 대답하고는 멋지지만 창백한 그의 머리를 벽 뒤로 기대었다. 음악이 시작되었다. 그 혼자만 춤 파트너를 데리러 가기 위해 일어서지 않았다. 그는 태만하게 손을 들더니 그녀를 향해 손가락으로 신호를 보냈다. 나는 그녀가 분노어린 시선을 그를 향해 던지고는 일어서지 않고, 손으로 받쳐서 눈을 가리는 것을 보았다. 라우 백작은 이맛살을 찌푸렸다. 그리고 잠시 후에 벌떡 일어나서 홀을 지나 걸어가 그녀 앞에 섰다. 그래도 그녀가 자신을 향해 쳐다보지 않자, 그는 그녀에게 팔을 둘러 재빠른 동작으로 그녀의 몸을 자신에게로 들어 올렸다. 그가 격렬하게 몇 마디 말을 하는 것 같았다. 그러는 동안, 나는 너무 멀리 떨어져 있어서 그 말을 알아들을 수는 없었다. 그다음에 그는 그녀와 함께 다른 쌍들의 앞으로 나아가 춤을 추기 시작했다.

그녀는 완전히 성장한 숙녀의 모습이었지만 키는 그의 가슴 근처에 닿을 정도였다. 나는 그들을 오랫동안 말없이 바라보았다. 그녀는 머리를 목덜미 쪽으로 늘어뜨리고 그의 팔에 거의 안겨 옮겨졌는데 발끝으로 바닥을 스치며 갔다. 그는 그녀 위로 몸을 구부리고 있었는데 그 눈빛은 맹금류 같았으며, 입술을 꽉 다물고 마주 보는 그녀의 얼굴 위를 주시하고 있었다. 춤이 끝나자 그녀의 자리로 인도하였으며 그녀를 그의 팔에서 빼내어 가볍게 의자 위에 앉혔다.

휴식 시간은 길지 않았다. 곧 홀 안 전체가 동요를 일으키는 듯하더니 음악이 아주 빠른 템포로 시작되었고 그들은 짝을 지어 물밀 듯이 나가서 일렬로 늘어섰다.

춤은 새롭게 시작되었고, 웃음소리와 신이 나서 내지르는 소리가 그곳에 모인 사람들에게 퍼져나갔다. 나는 점점 더 거칠게 경박스러운 작은 발들이 바닥의 검은 얼룩 위로 미끄러져 가는 것을 보았다. 마침내 그 격렬한 동작으로 인해 춤추며 회전하는 도중에 남자들이 불쌍한 파트너들을 바닥으로 쓰러뜨리는 일이 일어났다.

그러자 마치 신호를 준 것처럼 갑자기 음악이 멈추었다. 남자 파트너들이 웃으면서 여자 파트너들 위를 뛰어넘는 동안, 그녀들은 빨개진 얼굴로 일어나 있었고 이마에서 머리를 쓸어내리거나 힘들게 마련한 연미복에서 먼지를 털어 냈다. 나는 잘 모르겠다. 그것이 아직도 남아 있는 어린아이의 파괴적 본능의 잔재인지 혹은 그 영향력에서 벗어날 수 없는 모든 사람에게 내재한, 반항하고 싶은 욕구인지. 그 대학생들은 거만하게 여자들을 경멸한 행동에서도 전혀 만족하지 못하는 것처럼 보였다.

내가 계속 주시하고 있던 로레는 라우 백작이 인도했던 그 자리에 외롭게 앉아 있었다. 그녀는 모든 춤에서 아무도 그녀에게 신청도 하지 못하도록 강요당한 것처럼 보였다.

콘트라댄스가 매우 축제 분위기로 치러진 직후, 나는 아는 사람 한 명과 옆방으로 갔다. 우리는 몇몇 나이 많은 대학생들을 만났고 곧 맥주잔을 마주한 채, 우리의 공동의 관심사이기도 한 눈앞에 다가온 국가고시에 관한 대화에 빠져들었다.

옆방에서 음악이 멈추었을 때, 춤추던 몇 쌍이 우리가 있는 탁자로 왔다. 로레와 함께 한 라우 백작도 그 속에 있었다. 그가 메뉴판을 살펴보는 동안, 그녀는 그의 옆에 앉아 있었다. 그리고 종업원이 곧 접시 몇 개와 샴페인 한 병을 두 사람 앞에 가져왔다. 코르크 마개를 조심스럽게 땄는데 라우 백작이 샴페인 마개를 시끄럽게 따는 걸 싫어했기 때문이다. 샴페인 잔으로 하얀 거품이 흘러넘쳤다. 간소한 음식을 대접받은 다른 처녀들이 자신들의 파트너 옆구리를 몰래 팔꿈치로 찔렀다. 그리고 나의 주의력도 곧 이 한 쌍에게 향해 있었다. 로레는 한 손으로는 창백한 얼굴을 받치고 있었고, 무심한 표정으로 다른 손은 가득 찬 유리잔을 들고 있었다. 라우 백작은 편안하게 종달새 스튜를 즐기며 말없이 샴페인을 한 모금씩 마셨다.

"로레, 먹지 않을 거야?"

이윽고 그가 물었을 때, 그녀는 머리를 흔들었다.

"먹지 않을 거라고? 그래, 네가 알아서 해!"

그는 한동안 그녀를 주시하다가 말을 덧붙였다. 그런 다음 그는 술을 한 잔 따르고 식사를 계속했다.

로레는 그러는 사이 잔을 입술로 가져가서 목이 마른 듯 단번에 잔을 비웠다. 여전히 피곤한 듯 손으로 받치고 있는 머리를 들지 않은 채, 병을 쥐고 약간 흔들리면서 빈 잔을 채웠다. 술은 서서히 잔 안으로 흘러내려 차츰 거품이 넘치면서 가득 차올랐다. 그녀의 눈은 마치 그녀의 인생이 술병에서 흘러나오는 것을 보듯이 절망이 담긴 표정으로 지켜보고 있었다. 그녀는 잔이 넘쳐 거품이 탁자 위로, 탁자에서 다시 바닥으로 흐르는 것에 신경 쓰지 않고 있었다. 다만 다른 손으로는 비단 같은 검은 머리카락을 점점 더 강하게 쓰다듬는 것 같았다.

"아름다운 아가씨!"

이제 막 수염이 난 귀여운 청년이 애걸하듯 그녀를 향해 빈 잔을 들면서 속삭였다.

"당신의 흘러넘치는 풍요로움에서 한 방울만 부탁합니다!"

로레는 그쪽을 보지 않았다. 하지만 나는 그녀의 입술 주변이 움찔거리는 모습을 보았다.

"뭐라고, 신참! 무슨 일이야?"

그때까지 자신의 술잔에만 신경 쓰던 선배 중 한 명이 물었다.

"오! 그렇게 흘리면 술 낭비지!"

갑자기 그가 외치며 손을 그녀의 팔 위에 얹었다. 라우 백작은 술이 그의 옆에서 바닥으로 한 방울씩 떨어지자, 몸을 옆으로 약간 움직였을 뿐이었다.

"그녀를 가만히 내버려 둬. 그녀는 원래 그런 천성이야. 그렇지 않아, 로레?"

그가 미소를 지으면서 그녀 쪽으로 몸을 돌리고는 덧붙였다.

"우리 두 사람은 낭비에 일가견이 있거든!"

그녀는 술병을 탁자 위에 내려놓았다. 그리고 깊이를 알 수 없는 증오에 찬 눈길을 그에게 던졌다. 그런 다음 일어서서 홀로 통하는 문 쪽으로 걸어갔다. 하지만 이와 동시에 그도 그녀와 함께 곧장 일어났다. 한결같았던 멋진 얼굴이 분노로 일그러져 있었다.

"어떻게 할 생각인데!"

그가 속삭이며 그녀의 팔을 거칠게 움켜잡았다. 그녀는 팔을 빼려는 기색을 보이지 않고 그냥 멈추어 서 있었다. 그녀의 반짝거리는 검은 눈은 질문하듯이 그리고 경멸하면서 그를 응시하고만 있었다. 그는 한동안 인내하고 있었다. 그런 다음 손을 뒤로 빼고는, 짧은 웃음을 터뜨리며 다시 탁자로 돌아가서 천천히 병을 기울여 남은 술을 따랐다. 나는 로레가 홀 문을 거쳐서 춤추는 사람들 사이로 사라지는 것을 보았다.

나는 심장이 터질 듯 요동쳤다. 내가 앉아 있던 구석에서 그 모든 것을 관찰하고 있었기 때문이다. 잠시 후 일어나서 그녀를 찾기 위해 홀 안으로 들어섰다.

그녀는 춤추는 사람들 사이에 없었다. 하지만 내가 왈츠를 추는 사람들 사이를 통과해 들어섰을 때, 오목하게 튀어나온 창가 모서리에 그녀가 서 있는 것이 보였다. 미동도 하지 않은 채 혼잡함 속을 응시하고 있는 것처럼 보였다. 그녀의 얼굴은 머리에 꽂은 하얀 장미처럼 창백했다.

"당신은 나를 이제 기억하지 못하겠죠?"

나는 그녀에게 다가서며 물었다.

짙은 홍조가 한순간에 그녀의 얼굴을 뒤덮었다.

"아, 물론 기억하죠!"

그녀가 낮은 목소리로 말했다.

"우리 춤출까요, 로레?"

그녀는 나에게 손을 건네며 머리를 너무 깊이 숙여 나는 그녀의 눈을 볼 수가 없었다. 하지만 그녀의 작고 하얀 이가 입술을 꽉 깨무는 모습을 나는 보았다.

그렇게 우리는 함께 춤을 추었다. 단지 한두 바퀴만 돌았다. 왜냐하면, 그녀도 내게 춤이 중요한 것이 아니라는 사실을 느꼈기 때문이었다. 곧 우리는 양쪽으로 넓게 열린 커다란 현관문 앞에 나란히 서 있었다. 나도 모르게 바깥을 보고 있었다. 밖은 칠흑같이 어두웠다. 우리 가까이 있는 너도밤나무 줄기만 떨어지는 불빛에 빛나고 있었다. 하지만 이동하고 있는 밤공기의 흐름이 시원하게 우리를 향해 다가왔다. 한쪽에서는 날카로운 바이올린 소리와 춤추는 사람들의 바닥을 긁는 소리가 내 귀에 들리는 반면, 이와 동시에 밖에서는 숲속의 나뭇잎 꼭대기에서 꿈결처럼 물결이 살랑거리는 소리가 들렸다.

그녀는 말을 하지 않고, 눈을 바닥에 향한 채 내 옆에 서 있었다. 나는 마음을 다잡고 말했다.

"크리스토프는 요즘 어떻게 지내나요?"

그녀는 잠시 움찔하더니, 내가 이해할 수 없는 말로 속삭이듯 말했다. 하지만 그녀의 창백한 뺨 위에 두 개의 진홍색 얼룩이 눈에 보였다.

"만약 그가 여기에 있었다면 그는 뭐라고 말할까요?"

내가 말했다.

나는 그녀가 호흡을 가다듬고, 경련을 일으키면서 축 늘어뜨린 손으로 옷을 움켜잡는 모습을 보았다.

"오, 제발!"

그녀가 낮은 목소리로 내뱉었다.

"제발 여기에서는 안되요, 이곳에서만은 말하지 마세요!"

"그럼 대체 어디에서? 내 말을 듣고 싶은 거죠, 로레?"

그녀는 나를 올려다보았다.

"밖에서요."

그녀가 낮게 말했다.

"곧 내가 밖으로 나갈 거예요. 이 춤이 끝난 후에 우리 밖으로 퇴장해요! 조금 전 당신이 옆방에 앉아 있는 것을 보았을 때부터 나는 당신께 요청하고 싶었어요."

우리는 한번 더 춤을 추었다. 그런 다음 나는 그녀를 자리로 인도했고, 기둥들이 있는 작은 회랑으로 향하는 문을 통과해 밖으로 나갔다. 멀리서 천둥소리가 들렸다. 공터로 향하는 두 계단을 밟고 내려왔을 때 번개가 번쩍거려서 한순간 바다 아래까지, 모든 나뭇가지와 저 아래의 반짝이는 수면을 구별할 수 있을 정도였다.

나는 집 주위를 돌아서 볼링장 시설이 있는 곳까지 걸어간 후, 그곳에서 그녀를 기다렸다. 얼마 후, 하얀 옷이 반짝거리는 것을 보았다. 그리고 나는 스치듯 가벼운 그녀의 발걸음 소리를 들었다. 곧이어서 그녀는 숨을 깊이 내쉬며 내 앞에 서 있었다.

그렇게 마침내 나는 다시 그녀와 단둘이 있게 되었다. 여름밤 어둠 속에서, 하지만 시간이 많이 흘러 다른 시간이었다. 내가 말을 하기 전에 그녀가 지갑에서 종이 한 장을 꺼냈다. 번개의 광채가 그 위로 지나갔다. 나는 편지를 보았다.

"이 편지는 크리스토프한테서 온 거예요."

나도 모르게 그것을 향해 뻗친 손에 편지를 건네면서 로레가 말했다.

“크리스토프에게서! 당신은 그 편지를 언제 받았소?”

내가 소리쳤다.

“오늘이에요!”

그녀가 낮은 목소리로 대답했다.

“그렇지만 오늘 이곳으로 왔단 말이오?”

그녀는 말이 없었다.

“로레, 내가 편지를 읽어도 되겠소?”

“저는 당신께 그것을 부탁드리려고 했어요.”

나는 집 뒤쪽의 건물에 있는 홀의 조명이 비치는 창가로 갔다. 로레는 천천히 나를 따라왔다. 내가 편지를 읽는 동안 그녀의 눈길이 계속해서 나를 향해 있는 것을 느꼈다,

긴 편지였다. 크리스토프는 자신이 그동안 말이 없었던 점에 관해 해명하고 있었다. 그는 숙부의 사업을 물려받았다고 했다. 하지만 사촌누이와 부유한 굴뚝 청소부와의 혼인 문제에 모든 것이 달려 있었기 때문에, 상황이 오랫동안 진척되지 못하고 있었다고 했다. 그리고 마침 고향에서 온 호기심 많은 재단사가 자신을 방문했을 때는 모든 것이 다시 불확실한 상태였고, 자신은 사촌누이의 신혼 방에 들일 물건들을 만드는 데 집중하고 있었다고 했다. 하지만 결국 이제는 모든 것이 정리되었고, 사촌누이는 결혼식을 치렀으며, 그 자신도 며칠 뒤에 그 낯선 도시에서 기능장의 독자영업권을 물려받아서 일을 할 것이라고 했다. 그런 다음 자신이 그녀를 데리러 오기 위해 떠날 상황이 아니기 때문에 그녀에게 오라고 초대하고 있었다.

“당신의 답변을 받는 즉시”

편지의 마지막 말은 이렇게 적혀 있었다.

"내가 당신에게 여행 경비를 보낼게. 벌써 정확히 세어보고 봉투에 넣어 두었어. 그 집을 당신도 쉽게 알아차릴 거야. 문 앞에 있는 녹색 벤치 옆에 보리수가 서 있어. 고향에 있는 당신 부모님 집처럼. 젊은 제자들을 위해 내가 스스로 준비한 방은 보리수 그늘로 완전히 덮여 있지."

나는 편지를 접어서 그녀에게 건네주었다. 하지만 로레는 머리를 흔들었다.

"필립 씨, 당신이 그에게 편지를 써 주세요!"

눈물이 한방울씩 뺨 위로 흘러내리는 동안 그녀가 말했다. 그리고 가까스로 낮은 목소리로 덧붙였다.

"그가 말하는 의미를 잘 이해했어요. 아직 나를 잊지 않았네요."

"그럼 당신은 가지 않을 거요?"

내가 물었다.

그녀가 너무나 애원하듯 절망에 찬 눈빛으로 나를 보았기 때문에, 그녀에게 질문한 것을 후회했다.

"로레, 이젠 아무도 도움이 될 수 없단 말인가요? 어떻게든 해볼 수 없나요?"

그녀는 이마를 유리창에 기대면서 머리를 숙였다. 그 하얀 장미는 아직 향기를 풍기며 윤기 나는 검은 머리에 꽂혀 있었다.

"아직 살아 있었을 때의 그는 단지 불쌍한 한 남자에 지나지 않았죠."

그녀가 말했다. 그리고 그녀는 흐느낌을 힘들게 자제했지만, 목소리가 거의 갈라지고 있었다.

"하지만 그래도 그는 내 아버지 같은 존재였지요. 그리고 이 세상 누구도 평소에 그 사람처럼 날 사랑해 주진 않았어요. 아버지는 지금의 내 상황을 알아도 나를 쫓아내지는 않으셨을 거예요."

그녀가 그렇게 말했을 때, 우리 두 사람은 침묵했다. 다만 나도 모르는 사이에 내가 그녀의 두 손을 잡았을 뿐이다. 그녀는 내가 하는 대로 가만히 있었다. 그때 나는 집 반대편 홀 쪽에서 라우 백작이 그녀의 이름을 부르는 소리를 들었다.

그녀는 몸을 움찔했다.

"로레, 당신은 저 사람에게서 벗어날 수 없나요?"

그녀가 눈을 크게 뜬 채, 슬픈듯 나를 쳐다보았다.

"네, 물론 그럴 수 있어요!"

그녀가 조용히 말했다. 나는 그녀의 입가에서 미소를 본 것 같았다. 하지만 뭔가 계획을 숨기고 있는 듯한 그런 미소 같았다. 다시 한번 더 우리 가까이에서 라우 백작의 목소리가 들렸다.

그녀는 급하게 눈물을 닦았다.

"잘 지내세요, 필립, 안녕!"

그녀가 속삭였다. 나는 그녀의 작은 두 손이 내 손을 힘주어 잡는 것을 느꼈다. 그런 다음 그녀는 떠나갔다.

내가 얼마나 오랫동안 나무 아래에서 왔다 갔다 했는지 모르겠다. 홀 내부에서 갑자기 음악이 멈추고 그 대신 숲속 깊은 곳에서 부엉이가 우는 소리가 들리자 비로소 나는 다시 의식을 되찾았다.

그런 다음 인도로 난 돌계단으로 가기 위해 집 앞을 지나갈 때, 나는 로레를 다시 한번 더 보았다. 그녀는 팔로 기둥 하나를 감싼 채 홀 아래에 서서, 나무 사이로 방금 번개가 번쩍이며 수면 위를 비추는 바다를 내려다보고 있었다.

바닷가에서

나는 베개에 머리를 파묻고 오랫동안 잠을 이루지 못한 채 누워있었으며, 어떻게 하면 어머니의 도움을 받아 로레에게 다른 은신처를 마련해 줄지 그 계획을 생각하고 있었다. 어쩌면 가장 어려운 일은 그녀가 그런 계획을 받아들이도록 어떻게 설득하는가일지도 몰랐다.

다음 날 아침 늦게 잠에서 깨어났을 때, 우리가 어릴 적 사내아이라는 별명으로 불렀던 프리치 시장이 내 침대 앞에 서서 아이 같은 눈으로 내게 미소를 짓고 있었다. 곧 우리는 소파에 나란히 앉았다. 프리치는 하이델베르크에 두고 온 우리 친구들에 관한 이야기를 많이 가지고 왔다. 하지만 나는 귀를 반쯤 열어둔 채 제대로 충실히 듣고 있지 않았다. 내 생각은 지난밤에 겪었던 일에 집중해 있었다.

얼마 뒤 내가 제안해서 우리는 집을 나와 그늘진 느릅나무 가로수 길옆에 있는 바닷가를 나란히 걸었다. 나는 내 마음의 부담을 덜기 위해 그에게 로레에 관한 내용과 내가 알고 있는 일들에 대해 알려주었다. 프리치는 침묵하면서 귀를 기울이고만 있었다. 그리고 이따금 길가에 놓인 돌을 발로 걷어차거나, 손에 검을 들고 있는 듯 허공을 베는 행동을 하며 낮은 목소리로 저주하는 듯한 말을 중얼거렸다.

하지만 이는 그런 몸짓으로만 그치지 않았다. 8일 후 그는 라우 백작과 결투장에 마주 서 있었다. 그러나 라우 백작의 위험했던 찌르기 때문에 프리치는 칼에 찔린 상처를 지니게 되었는데, 지금도 그가 분노를 표출할 때마다 이마 위에서 붉은 섬광처럼 번뜩이고 있다.

우리가 가로수길에서 벗어나 숲에 도착해서 무도장으로 향하는 언덕으로 올라가는 샛길에 도달했을 때, 나무 건너편 다른 쪽 해안가에 사람들이 둘러서서 웅성거리고 있는 모습을 보았다. 그들은 바로 물가에 모여 있었으며, 바닥에 누워있는, 무엇인지 구별할 수 없는 어떤 것을 보고 있는 것 같았다. 그 순간 어부 복장을 한 남자가 길 위로 올라왔다.

"저 아래에 무슨 일 있습니까?"

내가 지나치며 물었다.

"좋지 않은 일입니다. 어떤 젊은 아가씨가 불행한 사고를 당했습니다."

"로레!"

나는 소리치며 나도 모르게 친구의 손을 잡았다.

"도대체 자네 무슨 말을 하는 건가!"

프리츠가 깜짝 놀라며 큰 목소리로 말했다.

그럼에도 불구하고 우리는 서로 말없이 동의하면서 나무를 지나 해안가로 내려갔다. 그러는 동안 나는 아래에 함께 모인 사람들이 서로 주고받는 말을 들었다.

"그 처녀에게 뭐가 부족해서 그런 일이 일어났을까?"

어느 거친 목소리의 말이 들렸다.

"고상한 귀족 가문의 아가씨가 분명한데! 아주 잘 차려입고 물속으로 들어갔네."

그런 다음 다시 조용해졌다. 오직 파도 소리만이 아침 공기 속에 들릴 뿐이었다.

우리가 나무들 사이를 지나 밖으로 빠져나왔을 때, 나는 넓은 바다의 만(灣) 위에서 우리 앞에 펼쳐진 눈 부신 햇빛 때문에 거의 눈이 머는 줄 알았다. 그리고 이 눈 부신 햇살 속에 그녀가 누워있었다. 우리가 가까이 다가갔을 때, 어부들이 옆으로 비켜났다. 그래서 우리는 방해받지 않은 채 분명히 그녀를 알아볼 수 있었다. 의심의 여지가 없었다. 창백한 작은 얼굴이 모래 위에 누워있었다. 춤추던 작은 발들은 이제 미동도 없이 옷 아래에 드러나 있었다. 해초와 조개가 흠뻑 젖은 머리카락에 달라붙어 있었다. 머리에 꽂혀 있던 하얀 장미는 이제 떨어져 나가고 없었다. 어쩌면 바다로 멀리 떠내려갔을 것이다.

그날 아침 이후로 많은 세월이 지나갔다. 그 대학도시의 교회 묘지에, 높은 잔디밭에서 떨어져 있는 곳에 흰색 대리석 판이 놓여 있다. 대리석 위에는 '로레 보르가르'라고 적혀 있다. 독일의 서로 다른 지역에 살고 있는 세 명의 고향 친구들이 설립한 것이다.

테오도르 슈토름의 노벨레 <대학에서>의 무용

- 19세기 노동계급 여성의 희망과 좌절 -

1. 들어가는 말

19세기 후반 유럽에서는 이전까지의 감상적인 낭만주의에서 벗어나 현실을 사실적으로 재현하려는 문학 사조인 사실주의가 도래했다. 하지만 독일에서는 유럽의 다른 국가들과는 달리 사실주의의 토대 위에서 독일인들이 애호하는 시적인 성향이 가미된 이른바 '시적 사실주의'가 유행하게 되었다. 이러한 시적 사실주의의 대표적 작가가 테오도르 슈토름이다. 그의 작품은 창작 성향으로 볼 때 전기와 후기로 나눌 수 있는데 슈토름은 초기에는 주로 서정시를, 후기에는 시적 사실주의 성향의 단편소설 노벨레를 많이 썼다. 그는 작품을 통해 자신의 고향의 향토적 특징을 많이 표현했으며 당시의 현실에 대한 사실적 서술과 미학적 형상화의 조화를 부단히 추구한 작가였다. 그는 대부분의 창작의 소재를 일상적 삶에서 추구했으며 지나간 시절을 회상하는 서술방식과 함께 자연 친화적인 인간의 삶을 묘사하면서도 이와 동시에 자신이 발을 내딛고 있는 현실을 성찰했다 그의 노벨레들 중에는 북독일의 멜랑코리한 분위기, 고독, 회상 등의 정서가 담긴 작품들이 많고 자신이 살고 있는 현실에 관심을 가진 이후에는 사실적인 문체의 작품을 많이 썼다.

그가 주로 창작 활동을 했던 세기 중, 후반기의 독일 시민계급의 주요한 문화 활동으로는 음악과 무용을 빼놓을 수 없었다. 시민계급 출신인 슈토름은 음악에 대한 조예가 깊었으며 타고난 목소리로 가수의 재능까지 겸비했었기 때문에 자신의 작품에 이러한 음악적 요소를 가미할 수 있었다. 슈토름의 노벨레에서 의도적으로 사용된 음악뿐만 아니라 무용도 주인공들의 운명을 암시하는 상징적 역할을 한다. 그의 작품에서 등장인물들이 부르는 노래와 연주하는 음악은 이들의 미래의 삶의 이력을 예시하는 경우가 많았다. 슈토름은 다른 사람이 쓴 곡을 인용했을 뿐만 아니라 자신이 직접 쓴 시도 등장인물이 노래하는 형식으로 사용함으로써 이러한 노래와 음악을 상징과 암시에 이용하여 자신의 작가관을 보여주고 있다. 여기에서는 이러한 사항들을 고려하면서 슈토름의 작품 〈대학에서〉에서 자주 사용되는 무용의 의미에 대해 살펴보았다.

이밖에도 1856년에서 1864년 사이에 출판된 슈토름의 노벨레의 주제를 볼 때 남녀 관계에 대한 문제가 중심이 된다. 이미 〈슈타츠 장원에서 Auf dem Staatshof〉(1859), 〈성을 따라서 Im Schloß〉 (1862), 〈대학에서 Auf der Universität〉(1863) 등의 제목에서 작품 속에서 일어나는 사건의 사회적 장소가 어느 정도 암시되고 있다. 이러한 장소는 각 작품에서 사회적, 문화적 계급에 있어 서로 차이가 있는 어떤 커플의 운명이 다루어지고 있다는 공통적 의미가 있다. 이 주제들을 볼 때 작가 슈토름을 "계몽주의 이후 유행했던 테마를 다시 계승해서 다루는 진보의 마지막 후미 주자로" 생각하는 것은 당연했다. 작품 속 사랑의 문제와 관련해서는 남녀 관계의 행복이나 실패가 신분의 한계를 극복하는 문제와 연결되고 있는데, 당시의 사회적 관습이 남녀 인물들의 개인적 결합을 위한 희망을 완전히 파괴할 수는 없었다. 슈토름은 사회 심리학에 기반한 인간의 자기 내면의 관찰을 통해 이러한 주제를 좀 더 풍부하게 확대하고 사회적 규범이 그 사회에 속한 개인의 사고, 감정, 행동 등에 어떠한 영향을 미치는가를 보여주고 있다.

작품 〈대학에서〉는 일인칭 화자가 무의식적인 자신의 생각을 보고하는 형식으로 서술하고 있다. 이 두 작품에서는 시민계급 출신을 향한 그 사회의 관습적인 표상들이 주인공의 사고와 행동을 지배한다. 두 주인공은 자신들의 성적인 면을 억누르고 자신들이 그 사회에서 신분

상으로 받아들이기 힘든 여성들의 에로틱한 유혹을 피하고 주위의 시선 때문에 그 여성들을 파멸로 몰고 간다. 1860년대에 슈토름의 사회비판적 시선은 귀족이 아니라 작가 자신이 속한 시민계급에 향해 있었다. 그는 시민계급들의 자각을 위한 투쟁 속에 숨겨져 있는 위험성을 서술하고 있다. 즉 슈토름은 사랑이라는 자연스럽고 감각적인 체험이 사라지고 이 문제에 대해서는 - 포이어바흐가 그의 증인 역할을 한다 - 사교적 성향이 상실되고 있는 점을 비판하고 있다. 반면에 다른 작품 〈성을 따라서〉에서는 남녀 주인공의 자각을 위한 열쇠가 교양과 교육의 획득 여부에 달려 있다. 종교와 사상의 자유와 마찬가지로 신분계급적 사고에 종속되지 않는 자주적인 권리는 인습을 초월한 자연스러운 사랑의 전제 조건이며 이런 사랑은 민주적 사회의 질서에 토대가 될 수 있다. 그리고 시민계급의 자기 자신에 대한 의혹이나 믿음을 보여주기 위해서 슈토름은 라이트모티브 기법을 사용하고 있는데 〈대학에서〉에서는 무용이 라이트모티브로 사용되고 있다.

19세기 중엽 독일은 산업혁명의 격동기였고, 산업혁명과 더불어 노동계층 같은 새로운 사회계급이 생겨났으며, 이들은 수공업, 공장시스템 공업 등의 산업기술을 토대로 산업시민의 신분으로 상승할 수 있었다. 남성 노동자들이 숙련된 수공에 의해 마이스터로 자리 잡음으로써 가난한 노동자의 삶을 끝내고 산업시민의 위치로 옮겨가는 것이 계급이동이었다면, 여성 노동자는 결혼을 신분 상승의 계기로 생각했다. 상급 기술자와의 경제적으로 안정된 삶을 누리거나, 비록 드문 경우지만 부르주아계급의 남성과 결혼하여 신분이 올라가는 것이 여성 노동자들의 희망이었다. 여기에서는 당시의 이런 점을 고려하면서 슈토름의 〈대학에서〉를 살펴보았다. 많은 그의 작품이 시민계급을 주인공으로 설정했다면, 이 작품은 당시에 대중의 이목을 끌지 못했던 19

세기 노동계급의 여성을 주인공으로 하고 있다. 우리는 이 작품에서 로레의 희망과 절망이 무용 강습을 통해 어떻게 표현되는지, 그리고 이를 통해 슈토름의 작품이 담고 있는 19세기의 결혼에 대한 의미는 무엇이었는지에 대해 생각해볼 수 있을 것이다.

2. 〈대학에서〉

1862년에 출판된 노벨레 〈대학에서〉는 불평등한 출신 성분에 관한 주제를 다루고 있지만, 이전의 작품들과는 달리 소시민 계층 출신의 한 여성에 대한 상류층 남성의 오만한 신분 의식을 보여주고 있다. 이 작품의 서술방식을 보면 텍스트에서 사건의 외부에 위치하는 화자가 시민계급의 사고방식과 행동의 위험한 전개 과정을 보고하는 것이 아니라 그러한 과정을 화자 자신이 직접 경험하고 있다. 자신이 마음을 빼앗긴 소녀에 대해 화자가 말하는 방식은 중, 상류층 시민의 사고방식이 각인된 세계관과 그러한 태도에서 기인하는 자기방어적 전략을 구사하고 있다. 따라서 이 작품에서 이야기를 서술하는 방식은 욕망, 두려움, 자기방어, 자기기만 등을 보여준다.

이 소설은 '로레'로 불리기도 하는 '레노레'라는 이름의 한 소녀에 대한 남자 주인공이자 화자인 필립의 첫사랑 이야기로 시작된다. 하지만 이후 전개되는 길은 두 방향으로 갈라진다. 필립이 시민계급의 아들로서 경력과 출세의 길을 위해 대학에 가는 동안 로레의 삶의 행로는 점점 더 시민계급의 영역으로부터 멀어져 갔다. 마지막 장에서 그녀는 해변 가에서 발견된다. 이곳에서 필립은 로레를 마지막으로 보게 되며 한 어부가 죽은 그 소녀를 육지로 끌어올리고 있었다.

이 작품에서는 처음부터 "문화적 규범 반대편에 있는 자연의 영역으로 향하는" 그 소녀의 자연 친화성이 서술되고 있다. 마을에서 정기적으로 열리는 무용 강습 시간에서부터 이미 로레의 삶의 길은 실현되지 못하는 과정을 보여준다. 무도회에서 상류 시민계급의 아들들이 춤을 출 때 파트너 여자가 한 명 부족했는데, 재봉사의 아름다운 딸 로레가 불려온다. 일인칭 화자는 이미 이전부터 그 아름다운 소녀에게 빠져 있었다. 검은 머리색, 연한 갈색 피부, 크고 검은 눈 등 로레의 이국적인 미는 이미 이 소년을 환상에 빠지게 했는데 이 남성의 욕망의 대상이 등장했을 때 화자는 로레로부터 시작되는 에로틱한 영향에 빠지게 된다. 아버지의 보배 같은 딸로서 성장하면서 더 높은 곳을 추구하던 그 소녀는 무용 강습에 참석해도 된다는 유혹적인 그의 제안을 기꺼이 받아들인다. 그렇지만 그 소녀는 신분이 높은 라틴어 학교 아이들 사이에서 거의 자신의 존재를 드러내지 않았으며 그 아이들의 경멸적인 태도 때문에 마음의 상처를 받는다. 이미 첫 장면에서도 알 수 있듯이, 슈토름의 이 작품은 사회심리학적 고찰이 반영된 작품이다. 로레의 옷은 시장 부인의 오래된 옷을 다시 재단해서 만든 옷이며 로레의 손장갑도 이미 낡은 것이다. 하지만 재단사의 그 딸이 인정하기 싫고 감추고 싶은 것을 무용 강습장의 모두가 볼 수 있었다. 노동자계급인 그녀는 시민계급 집단에 속하지 않았던 것이다. 소년 필립도 그녀에 대한 환상에서 깨어났을 때 "나는 그것을 알아차리지 않을 수 없었다"라고 고백하고 있다.

유행은 소시민 계급과 상류시민 계급을 구별하는 표시가 된다. 이때 외면적으로 표시되는 구별은 각 개인의 태도와 행동을 보여주는 것이 아니라 그 시민계급 집단에 속하는가를 나타내는 그 사회, 집단의 내면의 질서를 보여준다. 필립 자신과 로레가 사회적으로 서로 통합될 수 없는 계층이란 점이 서술되고 있고, 그는 자신이 관찰한 내용을 미화하지 않은 채 있는 그대로 묘사하고 있다. 여기에서 작가 슈토름은 개인(로레)의 마음이 병드는 경험들을 분명하게 보여주기 위해 섬세한 묘사 방식을 택한다. 화자인 필립이 서술하는 방식을 볼 때, 그는 로레를 배제하거나 수용하지 않는 그러한 제한 조건에서 그녀를 위해 무엇인가를 바꿔보려는 의도가 거의 없다. 그의 계층으로부터 그녀를 배제하는 메카니즘이 그에게는 이미 내면화되어 있으며 무의식적으로도 그 소녀에 대한 그의 인식에 영향을 미치는 그런 것들을 바꾸려는 의도가 그에게는 거의 없다. 거만한 계급의식의 극복은 불가능하며 그것은 필립에게도 마찬가지였던 것이다. 사실 그는 그 소녀의 어둡고 낯선 아름다움에 도취되었지만 그러한 매혹은 단지 꿈속에서만 혹은 춤추는 동안에만 가능했던 것이다.

그리고 오, 우리는 어떻게 춤을 췄던가! 얼마나 그녀가 내 팔 안에 안전하게 누워 있었고 작은 발은 마루 위를 얼마나 얕보듯이 밟아 나갔던가! 나도 마치 그 음악의 리듬에 몸을 실은 것처럼 도취되었다. 그것은 마치 고통스러운 정열 같았다. 왜냐하면, 우리는 오늘 춤을 췄지만 어쩌면 영원히, 마지막으로 함께 춤을 추는 것이기 때문이었다.

단지 짧은 시간 동안 그 춤은 필립의 발밑의 바닥을 느끼지 못하게 했을 뿐이다. 그가 춤추는 동안은 신분의 차이에 대해 느끼지 못했으며 그의 눈을 멀게 하는 도취 상태에 의해 신분의 차이가 보이지 않았던 것이다. 필립의 서술방식에서 나타나는 점은 아름다운 그 소녀를 갈망하는 상류 시민계급의 이중성이다. 환영을 보는 성적인 그의 공상에도 불구하고 그는 두 사람 사이를 분리하는 무엇인가가 존재한다는 점을 냉정하게 서술하고 있다. 그는 그녀와의 사랑에 대한 책임을 받아들일 용의가 없다. 회상하고 있는 이 일인칭 화자는 모든 측면에서 자신의 무죄를 말하고 있으며 "과거에 발생한 일에서 자신의 몫을 더 많이 처리하지 않는" (깔끔한?) 윤리 의식을 보여주고 있다. 이러한 이중적 태도는 로레를 처음부터 희생양으로 만든다.

필립의 팔에 안긴 채 로레는 춤을 추면서 그 무용 강습에 참여하는 모든 다른 사람들에게 그 사회 속으로의 입문을 승인하는 입회 의식을 체험한다. 하지만 로레에게는 정말이지 하나의 약속으로만 머무르는, 단지 공허한 약속을 의미할 뿐이다.

이와 동시에 무용 강습에 참여하는 것은 도달할 수 없는 사회 계층에 도달했다는 행복한 꿈을 한동안 꾸게 하지만 그 꿈은 곧 현실의 벽에 막혀 사라지게 된다. 결국 그녀가 가야 하는 길은 피할 수 없는 길이다. "로레는 거짓말, 공상 그리고 잘못된 약속들로 얽혀 있는 그 물망 속에 끌려 들어가고" 부유한 대학생이자 자유로운 영혼을 사랑하는 남자가 사랑하는 여인이 되었지만, 그녀는 점점 더 깊은 불행 속으로 빠져들게 된다.

사실 로레가 죽기 전에 다시 독자들의 관심을 야기할 수 있는, 필립과 그녀의 우연한 만남이 이루어진다. 우연히 대학생 필립은 사회적으로 명망 있는 귀부인들과 동행한 채 찾아간 유람 여행지에서 "눈에 띄게 아름다운 그 소녀의 모습"과 마주치게 된다. "그때 그 소녀는 내 안에서 뜨겁게 끓어올랐다. 그리고 나는 내 옆의 부인을 거의 잊어버렸다." 마치 "검은 자연의 힘에 의해 떠밀린 듯" 그는 그 소녀에게 끌렸지만, 마지막 순간에 - 그는 자신에게 그렇게 말했다 - 로레에게 구혼

했던 수공업자 출신으로 목수 일을 배우던 친구 크리스토프를 떠올리며 자제하게 된다. 그렇지만 사실 필립의 마음을 돌아서게 한 동기가 그러한 순수한 이타주의만은 아니었다. 그는 대학에 있는 동안 마을에 남아 있던 로레에 대한 어두운 이야기에 너무나도 관심이 많았으며 그녀의 소식에 대해 알기 위해 모든 방법을 동원했다. 그는 자신의 고향 도시의 숲속에 아직 남아 있는 저택으로, 옛날에 무용 강습이 개최되었던 곳이자 로레의 운명이 결정되었던 그 저택으로 마치 몽유병에 걸린 사람처럼 향하게 된다. 지금 그곳에서는 과거의 사교모임 같은 질서정연한 춤 대신에 이제는 아무런 제어장치가 없는 춤의 환락파티가 벌어지고 있었다. 그곳에서 로레는 라우 백작 등 두 남자와 춤을 추고 있었지만 별로 즐거워하지 않았다. 아마도 그녀가 그 두 귀족과 같은 신분에 속하지 않기 때문일 수도 있었다. 과거에도 무도회에서 두 가지 상황이 그들과 그녀를 구분하는 사회적 차별성을 보여 주었는데, 하나는 상류층 자제들의 미세한 거부적 태도였고 또 다른 하나는 실질적으로 상류층의 다른 여자들도 그녀를 배제하는 행위였다.

그 당시 필립은 사실 두 번의 춤추는 장면에서 중요한 위치를 점하고 있었다. 즉, 필립은 댄스파트너로 두 번이나 그녀의 구원자가 될 수 있는 기회가 있었지만 그런 시도를 단념했던 것이다. 그의 상류계급 성향 때문에 그녀를 향한 도움을 포기했던 그는 지금까지도 그 무도장 바닥 위에 남아 있는 과거의 핏자국에 대해 자신이 어느 정도 책임이 있는 당시의 사건을 회상하며 슬픈 감성을 느끼게 된다. "이곳에서 그(크리스토프)의 삶이 최후의 달갑잖은 흔적을 남겼던 불쌍한 뜨거운 피를 가진 그 청년을 생각하면서" 필립은 비록 신분은 달랐지만 너무나도 피가 뜨거웠던 친구 크리스토프가 그녀 때문에 라틴어 학교 남학생들과 생명의 위험을 무릅쓰고 싸웠던 바로 그 장소에 있었다. 그는 현재 '마녀의 안식일 Hexensabbat' 저녁에 개최되는 무도회를 기다리면서 그 댄스파티의 위험성에 대해 미리 언질을 받고 있었다. 사실 필립은 로레와 우연히 해후한 후, 그녀가 결혼하려 하는 바람둥이 라우 백작에게서 그녀를 어떻게 구해내어 도피시킬 것인 지에 대해 생각하고 있었다. 그는 그녀의 운명에 자기 자신도 얽혀 들어갈 수 있었지만 이를 간과하고 있었던 것이다.

이 작품에서 상류계층 출신인 필립의 거부는 개인적이라기보다는 사회적 계급으로 인해 집단으로서의 성향을 띄고 있다. 당시의 그들은 "나와 네가 함께 성취된 통일체, 서로 연관성이 많은 통일" 상태에서 민주사회의 전제 조건이 되는 사회적 존재로 함께 발전해 나가는 것이 계속 거부되는 사회에 살고 있었다. 이렇게 슈토름의 후기 노벨레들은 남성과 여성의 관계라는 비교적 제한된 영역을 점점 벗어나게 되며 이제 포괄적인 사회적 비극 개념이 좀 더 중요한 역할을 하게 된다.

이러한 각 개인의 삶의 미흡함에 대한 슈토름의 인식은 주로 사회학적 관점과 인간의 심리분석에 대해 집중하고 있으며 이것은 장차 현대문학에 영향을 미치는 모더니즘적 의미를 담고 있다. 이런 점을 통해 알 수 있듯이, 슈토름의 작품들은 연대기 상으로 고찰할 때 다양한 수용과정이 나타날 수 있다.

3. 나가는 말

독일 시적 사실주의 작가 슈토름은 19세기 중반 이후 산업화가 진행되면서 나타난 노동자계급 같은 신 계층과 그 당시의 사회문제를 사실적으로 서술하면서, 그때까지 큰 관심을 받지 못했던 노동계층의 여성 인물을 중심에 두고 있다. 이 작품에서 작가는 프롤레타리아 계급인 노동자들과 부르주아계급 사이에서 방황하는 여주인공 로레의 모습을 무용이라는 매개체를 이용하여 묘사하고 있다. 프롤레타리아 계층으로서 기대하기 힘든 그 당시 상류계층의 생활을 자신의 아름다운 외모와 춤을 통해 소망했다고 비판한 것은 아닐 것이다. 그녀는 여성으로서 오직 결혼을 통해 신분 상승이 가능했던 시절에 그러한 희망과 실제 현실 속에서 절망하게 된다. 슈토름은 이러한 프롤레타리아 계층 여인에게 부족한 부분을 악용하여 성적 만족을 꾀하는 상류계급 라우백작의 오만함과 교활함을 비판하고, 한편으로는 로레의 근처에서 결단력 없이 주저하며 관찰하기만 하는 시민계급 주인공 필립에 대해서도 비판하고 있다. 경제적으로 부족한 가정 출신이지만 소박하고 행복한 가족이 있던 그녀의 희망과 좌절하는 과정을 슈토름은 안타까운 마음으로 표현하고 있다. 19세기 사실주의 작품 〈대학에서〉는 이런 점에서 그 의미를 찾을 수 있을 것이다.

이 책에서 다루어진 슈토름의 두 편의 노벨레는 다양한 노래, 음악과 무용을 통해 등장인물들의 비극적 운명이나 행복한 미래를 예시하고 있다. 특히 슈토름 자신이 직접 쓴 시를 노래 가사로 활용하거나 이 노래를 등장인물을 통해 부르게 함으로써, 그 인물의 운명을 암시하는 경우가 많았다. 그는 이러한 음악과 춤을 의도적으로 자신의 작가관을 전달하는 매개체로 활용하고 있는 것이다. 그의 작품 속에서는 노래와 연주 등을 통해 많은 다양한 연관성이 생성되거나 계속 이어지고 있다. 결국, 슈토름은 이러한 음악과 무용을 비유적으로 사용하면서 작품 속 인물들을 통해 자신의 세계관을 전달하고 있는 것이다.

<작가 소개>

테오도르 슈토름

19세기 독일은 정치 분야에서는 복고주의가 다시 주도권을 찾으려고 했고 사회 분야에서는 소위 산업화가 전개되면서 많은 사회문제가 발생했으며 칼 막스와 루트비히 포이어바흐 등의 사회비평가가 나타났다. 문학 분야에서도 같은 연관성 속에서 객관적 사실을 진술하는 것에서 아름다움을 찾는 사실주의 사조가 유행하던 시기였다. 하지만 영국, 프랑스 등 다른 유럽국가에서는 대중, 계급 간의 갈등, 자본의 중시, 인간소외 등의 주제가 사실주의 문학에서 주로 다루어졌고 서술 공간도 대도시가 주요 무대였다. 이와 비교할 때, 독일의 사실주의 문학은 사실상 비사실주의적 요소를 많이 가진 문학으로 이해되었다. 독일의 사실주의 문학은 한편으로는 근대 사회의 발전을 반영하는 문학관을 능동적으로 받아들였지만, 다른 한편으로는 예술의 자율성, 문학 형식과 개별적 작가의식의 고유성을 중시하고 있다. 다시 말해, 독일의 사실주의 문학은 사실주의와 예술성을 모두 중시했던 것이다. 이러한 사실주의는 이 시기 독일의 고유한 사실주의의 원천이 되었다. 즉, 인생이 예술적 의미와 내면적 가치를 가지는 경우를 문학의 주제로 삼는다는 독일적 특성에서 이른바 '시적 사실주의'라고 명명되었다. 물론, 지방주의와 공통되는 부분도 있지만, 일상생활에서 의미 있는 가치를 찾는다는 객관적 목표를 갖는다는 점에서는 대부분 삶의 부정적인 측면을 다루는 자연주의와는 차별화된다. 이러한 독일의 '시적 사실주의'의 대표적 작가를 들자면 아달베르트 슈티프터, 고트프리트 켈러, 테오도어 폰타네를 꼽을 수 있다. 특히, 소설 분야에서는 상세한 현실묘사에 전념하면서 소박한 삶을 고향의 풍경과 연결하는 작품들이 많았다.

산문 서사문학에서 시적 사실주의의 대표적 작가인 테오도르 슈토름은 북독일 출신으로 서정적 정취가 넘치는 노벨레를 많이 썼다. 예를 들어, 〈임멘 호수 Immensee〉(1850) 같은 그의 초기 작품에는 현실에 실망하여 과거를 회상하는 낭만적이면서 감상적인 정취가 우세했는데, 이런 특징은 역사를 배경으로 하는 사회소설에서도 나타났다.

슈토름은 슐레스비히의 서해안 지역의 작은 마을 후줌에서 태어났는데 그 당시 슐레스비히는 독립 공국으로 덴마크의 지배 속에 있었다. 그의 부모는 법률가 요한 카시미르 슈토름(Johann Casimir Storm)과 그의 아내 루시 슈토름(Lucie Storm)이었다. 그는 후줌과 뤼벡에서 학교생활을 했고 킬과 베를린에서 법학을 전공했는데, 법대생 신분으로서 당시 테오도어 몸젠과 그의 형제 티코 몸젠과 함께 첫 번째 산문집을 출판하기도 했다.

그는 1843년부터 고향 후줌에서 법률가로 활동했지만 1852년 덴마크 당국으로부터 자격을 박탈당했다. 1853년에 포츠담으로 지내다가 1856년에 튀링엔으로 건너갔다. 슐레스비히가 프로이센 영토가 되자 고향으로 돌아가서 치안판사 활동을 했다. 1880년 하데마르센으로 옮겨 가서 그곳에서 작가로서 창작 활동을 하며 남은 삶을 보내다가 암으로 70세에 운명을 달리했다. 그는 두 번 결혼했는데, 첫 부인인 콘스탄츠 에스마르히(Konstanze Esmarch)와는 1864년에 사별했고, 이후 도로테아 옌센(Dorothea Jensen)과 결혼 후 남은 삶을 같이 했다.

슈토름은 독일 문학사에서 가장 뛰어난 노벨레(중단편소설)을 쓴 작가로 유명하며, 일상생활에서 의미 있는 가치를 표현하는 것을 주요 목표로 했던 시적 사실주의 작가였다. 그는 후기 낭만주의와 에두아르트 뫼리케를 자신의 전형으로 삼았는데 뫼리케는 슈토름과 서로 편지를 교환할 정도로 친밀한 관계였다. 〈시집 Gedichte〉(1852)에 있는 초기의 서정시들은 마치 노래처럼 표현된 시들이었으며 간결하면서도 아름다운 형식을 갖고 있다. 그는 후줌 지역에서 변호사 생활을 하다 덴마크가 슐레스비히를 정복했을 때, 포츠담으로 피신한 후, 이때부터 시를 통해 열정적인 애국심을 드러냈다. 1864년 덴마크가 슐레스비히에서 퇴각했을 때, 다시 그곳으로 돌아갔지만, 다음 해에 부인이 죽음을 맞이하게 되자 연작시집 〈깊은 어둠 Tiefe Schatten〉(1865)을 통해 뛰어난 서정시들을 선사했다. 그렇지만 이 시기에 그는 이미 노벨레 창작에 몰두하기 시작했다. 그의 소설에는 북독일 지역 특유의 침울함과 고독이 담겨있다. 특히, 〈임멘 호수〉 등 초기의 작품이 그런 특징이 많다. 하지만, 창작 중반기에 접어들면서 인간의 심리에 중심을 두는 작품을 많이 썼으며, 이때 〈삼색 오랑캐꽃〉(1873) 등의 명작을 발표하기도 했다.

한편, 슈토름은 독일 사실주의의 대표 작가로서 노벨레와 서정시 작가로 유명하지만, 그의 창작 영역은 동화에도 미치고 있다. 동화를 향한 그의 관심은 벌써 학창시절 몸젠 형제와 함께 슐레스비히 홀슈타인의 동화와 전설을 모아 책으로 편찬하려고 했던 것에서도 알 수 있다. 이후에 그는 1863년 말부터 1864년 초까지 세 편의 동화 〈레겐트루데 Die Regentrude〉, 〈불레만의 집 Bulemanns Haus〉, 〈취프리아누스의 거울 Der Spiegel von Cyprianus〉을 짧은 시기 동안 창작했다. 이 세 동화는 순수한 동화로 보기 힘든데, 그로테스크한 특징과 노벨레적 특징이 조화를 이룬 특이한 형식으로 된 동화이다. 이 중에서 〈레겐트루데〉는 장르 면에서 가장 동화적 특징이 나타나는 작품으로서 전형적인 민속동화로 볼 수 있다. 하지만 자연과 각 등장인물의 묘사는 노벨레의 특징을 보여준다. 이러한 노벨레의 특징 중의 하나는 여성 주인공들의 성격과 개성이 드러나며 이들이 동화에서 맡은 역할과 관계있다. 동화 속 여성의 역할은 작가 슈토름이 희망하는 여성의 역할, 즉 작가 개인적으로든 문학적으로든 중요한 의미를 갖는다. 후줌의 유명한 상류 시민계층인 그의 어머니와 외할머니는 슈토름에게 전통적인 시민사회의 관습과 가치관을 전수했다. 그리고 슈토름에게 전설 등 옛날이야기를 전해 주어 그가 작가로서의 상상력을 배양하는 데 도움이 되었다. 하지만 가장 주목해야 할 여인들은 그에게 헌신적이었던 두 부인이었다. 부부간의 사랑, 가정의 행복을 가장 가치있게 생각했던 그의 작품을 고찰하면, 그의 인생에 나타났던 이 모든 여성의 이미지가 문학으로 표현되었음을 볼 수 있다. 즉 슈토름이 그 여인들에게 기대했던 모습들이 여성상으로 표현되었던 것이다.

이 책에서 다룬, 그의 초기 작품 가운데 가장 의미 있는 작품인 〈임멘 호수〉는 이제는 지나가 버린 어린 시절의 기쁨과 행복을 묘사한 노벨레로서, 그의 다른 작품들처럼 고향에 대한 향수가 강하게 남아 있다. 사라져버린 어린 시절을 그린 이 소설은 1951년 재출간되어 독일은 물론 유럽 전역에서 많은 독자에 의해 널리 읽혔다. 그의 글이 점점 성숙해지면서 등장인물의 심리에 대한 통찰이 좀 더 섬세해지고 사실주의적 요소가 더 많이 서술되었다. 여기에서 더 나아가 계급 간의 갈등, 사회적 문제 등 작품의 테마가 점점 그 폭을 넓혀 가면서 그의 소설은 인간의 외로움과 숙명과의 투쟁에 관한 계속적인 관심을 보여준다. 슈토름은 1880년 하데마르셴으로 이주하여 그곳에서 자신의 최후의 작품이자 가장 뛰어난 노벨레라고 할 수 있는 〈백마의 기수 Der Schimmelreiter〉

(1888)를 완성했다. 혈기왕성한 주인공이 나오며 단순하고 객관적인 문체로 서술한 이 소설은 활기찬 상상력과 눈에 띄는 그의 언어 구사 능력을 보여준다. 이외의 그의 대표작으로는 유쾌한 작품 〈폴란드인 포펜슈팰러 Pole Poppenspäler〉 (1874), 역사 노벨레 〈익사 Aquis submersus〉(1875), 노벨레 〈성에서 Im Schloss〉 (1861) 등이 있다.

슈토름은 특히, 서정 시인으로서는 독일 사실주의의 대가 테오도르 폰타네가 "괴테 이후 최고의 3, 4인들 중의 하나"로 꼽을 만큼 높은 평가를 받았으며 그의 노벨레 중 대표작인 〈임멘 호수〉와 〈백마의 기사〉 등은 영화화되기도 했다.

슈토름의 문학세계를 좀 더 구체적으로, 즉 창작 초기의 서정시에서 창작 후기의 사회 비판적 산문에 이르기까지 살펴보자. 그는 인생의 많은 시간을 독일 북해의 작은 도시 후줌에서 지냈다. 부인 콘스탄체와의 사이에 여섯 명의 자녀를 두었는데, 부인이 일곱 번째 아이를 낳다가 사망한다. 하지만 이후 슈토름은 도로테아 옌젠과 재혼해서 변호사로 활동했던 한동안 베를린으로 피신했다. 왜냐하면, 후줌이 속했던 슐레스비히 주를 덴마크 왕이 지배하고 있었기 때문이었다. 하지만 이후 비스마르크의 독일영토 확장정책으로 후줌은 1871년부터는 결국 통일 독일제국에 귀속된다. 일생을 변호사로 일하면서 간간이 집필 활동을 한 그는 장편소설 같은 긴 작품을 창작할 시간이 부족했었다. 이런 이유로 그의 작품 창작은 중단편 분량의 노벨레에 집중되었다. 슈토름이 그동안 쓴 노벨레는 거의 60여 편이다. 하지만 그는 창작 초기에는 전원적인 서정시들을 많이 썼었다. 예를 들어, 〈갈매기 Die Möwe〉』를 비롯하여 40편의 시가 실린 〈세 친구의 노래 Liederbuch dreier Freunde〉, 〈부활절

Ostern〉, 〈멀리에서 Abseits〉 등의 초기 시들이 있다. 그 후 슈토름은 노벨레로 옮겨가게 되는데 초창기의 노벨레도 서정적 특징을 갖고 있었다. 당시 그의 친구였고 많은 노벨레를 썼던 파울 하이제 Paul Heise는 노벨레의 형식을 '매 이론 Falkentheorie'으로 설명하기도 했다. 사실은 보카치오의 〈매이야기 Tale of a Falcon〉에서 유래한 그의 '매 이론'은 노벨레라는 짧은 형식을 통해 이야기를 서술하는 과정에서 급격한 반전 혹은 한 사건에 집중하는 것을 의미한다. 하지만 슈토름은 하이제의 노벨레 이론을 반대하고 자신만의 고유한 노벨레 세계를 구상한다. 슈토름은 작품을 서정시에서 출발했고, 초기 노벨레는 이런 서정적 특성이 강한데, 대표작이 〈임멘 호수〉인 것이다. 하지만, 초창기의 노벨레에 서정적 분위기가 두드러지고 감상적인 성향이 많은 반면, 1872년 이후의 노벨레는 서정성에서 탈피하여 서사적, 객관적 특성을 드러내며 등장인물 간의 갈등이 강하게 나타난다. 이 당시의 슈토름은 노벨레를 "드라마의 자매"라고 명명하는데, 노벨레의 이런 객관성과 극적인 특성은 그의 후기 작품에도 계속 유지된다. 그는 창작 후반기의 노벨레에서 무엇보다도 역사상의 소재들을 문학 창작에 활용하는 데 집중했다. 역사 속에서 잊혀져 있던 소재들을 문학 창작을 통해 다시 밝힘으로써 독자들이 역사 속 인간의 숙명을 성찰하게 하는 것이 그의 후기 창작의 목적이 된 것이다.

슈토름의 삶에서 1880년은 획기적 전환점에 해당한다. 특히 1880년대 이후, 그의 후기 노벨레들의 현저한 성향은 독일의 시민계급에 대한 표현이다. 그 시기에는 산업 자본주의가 시작되면서 독일 시민계급이 직면한 문제들이 노벨레라는 제한적 장소에서 등장인물 간의 갈등으로 표현되었다. 예를 들어, 이 당시의 작품 속 등장인물 중, 아버지 한스 키르히는 원래 소시민계급이었지만 부지런함과 성실함으로 끊임없이 노력하여 중산계급으로 부상하게 된다. 한스는 아들 하인츠가 자신처럼 노력하여 계층상승에 성공하기를 원한다. 하지만 하인츠는 아버지와 성격이 달랐고, 한스처럼 매일 일만 하는 삶을 거부했다. 결국, 부자 사이의 갈등이 커지면서 하인츠는 한스를 떠난다. 산업 자본주의의 경제적 토대에 의해 신분의 변화를 욕망했던 아버지의 꿈은 실패로 끝나고 차디찬 주검으로 한스에게 나타난 아들의 시신 앞에서 한스는 절망한다. 그 후의 작품 〈고백〉에서 유작 〈백마의 기사〉 등 그의 후기 작품들은 19세기 후반 격변기의 독일사회와 이 시기에 시민계층이 직면한 문제들을 비판적 관점에서 작품으로 표현하고 있다. 어떤 이들은 슈토름을 1848년 혁명 이후 프로이센 제국 창설 때까지의 복잡한 독일의 정치사를 외면하고 전원풍과 과거로 피신한 감상적 작가로 평가절하했지만, 사실 이는 정당한 평가로 볼 수 없다. 오히려 그의 후기작에서는 당시 사회의 이슈들을 작품을 통해 드러내려는 의도가 다분하다. 격변기인 19세기 후반의 독일에서 시민계층이 직면한 상황과 문제는 그의 작품의 주요 테마로 활용되었고, 이런 사회적, 역사적 변화가 시민계층에게 끼치는 실존적 문제들이 그대로 작품 속에 포함되어 있었다.

이하에서는 슈토름의 대표적 서정시 네 편을 원문과 함께 소개하면서 작가에 대한 소개를 마치고자 한다.

FRAUENHAND

Theodor Storm

Ich weiss es wohl, kein klagend Wort
Wird über deineLippen gehen ;
Doch, was so sanft dein Mund verschweigt
Muss deine blasse Handgestehen.
Die Hand, an der mein Auge hangt,
Zeigt jenen feinen Zug der Schmerzen,
Und dass in schlummerlose Nacht
Sie lag auf einem kranken Herzen.

여자의 손

테오도르 슈토름

나는 잘 압니다. 한 마디 탄식하는 말조차
당신의 입술에서 흘러 나오지 않으리
하지만 당신의 온화한 입이 침묵하는 그 마음
당신의 창백한 손이 모두 말해 주고 있지요.

내 눈을 계속 사로잡는 그 손
고통의 그림자를 지니고 있으니
졸음조차 없었던 밤
그 손이 아픈 마음 위에 놓여 있네요.

Die Stadt

Theodor Storm

Am grauen Strand, am grauen Meer
und seitab liegt die Stadt;
der Nebel drückt die Dächer schwer
und durch die Stille braust das Meer
eintönig um die Stadt.

Es rauscht kein Wald, es schlägt im Mai
kein Vogel ohn' Unterlaß:
die Wandergans mit hartem Schrei
nur fliegt in Herbstesnacht vorbei,
am Strande weht das Gras.

Doch hängt mein ganzes Herz an dir,
du graue Stadt am Meer;
der Jugend Zauber für und für
ruht lächelnd doch auf dir, auf dir,
du graue Stadt am Meer.

어느 도시

테오도르 슈토름

회색의 해안, 회색의 바다에
조그마한 그 도시가 있다.
안개는 집 지붕을 무겁게 짓누르고 있고
바다의 물결 소리 고요하게
도시 주변을 단조로이 흐르네.

웅성거리는 숲도 없고, 5월이 되었으나
지저귀는 새소리조차 들리지 않네.
가을밤을 스쳐 지나며 들리는 소리는
기러기의 날카로운 울음소리 뿐
해안에는 바람에 풀이 나부끼고 있네.

하지만 나의 모든 마음은 너에게 있나니
바닷가의 회색빛 도시여
내 소년 시절의 온갖 추억은 언제까지나
미소 지으며 너의 위에 쉬고 있었노라.
바닷가의 회색빛 도시여.

JULI

Theodor Storm

Klingt im Wind ein Wiegenlied,
Sonne warm herniedersieht,
Seine Ahren senkt das Korn,
Rote Beere schwillt am Dorn,
Schwer von Segen ist die Flur —
Junge Frau, was sinnst du nur ?

7월

테오도르 슈토름

바람 속에서 울리는 은은한 자장가 소리
따뜻이 내리쬐는 태양 아래
조용히 드리운 곡식의 이삭
빨간 딸기 덩굴마다 부풀어 오르고
들에는 축복이 차고 넘치는데 —
젊은 아내여, 당신은 무슨 생각에 잠겨 있는가?

Meeresstrand

Theodor Storm

An's Haff fliegt die Möwe,
Und Dämmerung bricht herein;
Über die feuchten Watten
Spiegelt der Abendschein.

Graues Geflügel huscht
Neben dem Wasser her;
Wie Träume liegen die Inseln
Im Nebel auf dem Meer.

Ich höre des gärenden Schlammes
Geheimnisvollen Ton,
Einsames Vogelrufen -
So war es immer schon.

Noch einmal schautert leise
Und schweigt dann der Wind;
Verheimlich werden die Stimmen,
Die Über der Tiefe sind.

해변

테오도르 슈토름

해안가 호수쪽으로 갈매기가 날면
마침내 석양이 스며든다
젖은 개펄 너머로
비치는 저녁 어스름

회색빛 새가
물가를 스쳐 지나간다
섬들은 꿈을 꾸는 듯
바다 위 안개 속에 누워 있다

나는 듣고 있다
끓어오르는 갯벌의 비밀스런 음조를
외로운 새가 부르는 그 소리를
그것은 언제나 그랬었지

조용히 다시 한 번 몸서리치던 바람이
이윽고 숨을 죽이면
저 깊은 심연 너머
그 소리들은 몸을 숨긴다

세계문학사를 기반으로 문학작품 읽기 ❷

테오도르 슈토름의
임멘 호수와 대학에서

인지
생략

1판1쇄 2022년 12월 12일

저자 테오도르 슈토름
편역자 김동조
발행인 이경화

발행처 디자인21
주소 04560 서울특별시 중구 퇴계로 293-1 3층
전화 02-2269-6561(대)
팩스 02-2269-6568
e-mail 21publish@naver.com

등록번호 제1-1128호
등록일자 1991.2.12

ISBN 978-89-6131-104-5 93850

정가 12,000원

http://21publish.co.kr/
https://blog.naver.com/publish21